Christiane Lutz

JASON UND MEDEA

Christiane Lutz

JASON UND MEDEA

Auf der Suche nach Ichidentität und Beziehungsfähigkeit

opus magnum

Bibliografische Informationen der Deutschen Nationalbibliothek
Die Deutsche Nationalbibliothek verzeichnet diese Publikation in der Deutschen Nationalbibliografie; detaillierte bibliografische Daten sind im Internet unter http://dnb.d-nb.de abrufbar.

1. Auflage 2010

Umschlaggestaltung, Grafik und Layout: Dominik Lutz
Titelbild: Medea und Jason III von Katharina Kretschmer, Acryl auf Leinwand, 2005
Herstellung: Book on Demand GmbH, Norderstedt

ISBN 978-3-939322-54-2

INHALT

EINFÜHRUNG

Die Frau – Sehnsucht nach einem neuen Mythos

„*Wie wir's so herrlich weit gebracht...*" Wie weit haben wir es in der Beziehung zwischen Männern und Frauen gebracht? Der Weg vom Ich zum Du ist weiterhin ein ungelöstes Problem. Wir psychologisieren und analysieren, erkennen und beschließen Veränderung und müssen häufig am Ende eines langen Weges mit Goethe sagen „*Da steh' ich nun, ich armer Tor! Und bin so klug als wie zuvor.*"

In den vergangenen Jahren versuchten neue Generationen von Frauen sich aus männlicher Vorherrschaft herauszulösen. Sie kämpften mit Alice Schwarzer und Emma, suchten nach eigener Identität im Zwischenreich von gottgewollter Rolle als Frau und Mutter einerseits und der Realisierung eigener Begabungspotentiale und einer damit verbundenen beruflichen Verwirklichung andererseits. Sie forderten und überforderten sich, suchten allem gerecht zu werden, dem Beruf, den Kindern, dem Ehemann, vor allem aber einem neuen Rollenverständnis. Sie grenzten sich ab und lebten probehalber in anderen oder neuen Bindungen.

Das Resultat war ein stets schlechtes Gewissen und das Gefühl, in allen Bereichen nur halbes zu leisten und niemandem, am wenigsten sich selbst, gerecht zu werden. Die Anstrengungen wurden verdoppelt, das Selbstwertgefühl sank angesichts der Unerfüllbarkeit der selbstgestellten, wenn auch vielleicht kollektiv notwendigen Aufgabe, unter den Nullpunkt. Parallel dazu wuchs die Vorwurfshaltung vordergründig gegenüber dem offensichtlich privilegierteren, weil eindeutig orientierten Mann und den vom überzogenen mütterlichen Eigenanspruch verwöhnten Kindern. Die Frauen fühlten sich als im Stich gelassene heroische Einzelkämpferinnen – depressive Verstimmungen, psychosomatische Beschwerden breiteten sich aus und schienen vermehrte Anstrengungen in der Selbstkontrolle, in der Selbstforderung notwendig zu machen.

Die Entwicklung zu neuer Identität – um welchen Preis? Lohnte sich der Aufbruch in einen Wirkungskreis im Außen, wenn er an die Grenzen körperlicher und seelischer Kraft stieß? Wäre es vernünftiger, im alten Rollenmuster zu verharren, die über Generationen tradierte Position auszufüllen und in sicherer Geborgenheit wohlig zu genießen?

Warum eigentlich ein Bestreben nach Macht, nach Einfluss und Geltung in der Welt, wo es sich innerfamiliär doch so gut herrschen ließ? Die Familie, Mann und Kinder, waren schon immer ein kleines Königreich, das von der Mutter-Herrscherin über den Weg des Dienens souverän regiert wurde, gleichzeitig spendend und verschlingend im scheinbaren Einklang mit der großen Mutter Natur. Warum dieser mühselige Weg in die Extraversion? War es die Laune einiger radikaler Feministinnen, die das männliche Joch abschütteln wollten, die eine kollektive Bewegung initiierten? Oder ging es um ein drängendes Problem, das die kollektive Entwicklung erzwang, nämlich, Frausein neu zu definieren als Ausdruck der polaren Andersartigkeit?

War es das Bedürfnis, aus dem ewigen Machtkampf zwischen dem männlichen und dem weiblichen Menschen herauszufinden zu einer neuen Form des gemeinsamen Seins, das wechselseitig den eigenen und den fremden Wert anerkennt und Autonomie bei sich und beim Gegenüber zulässt?

Hier wurde der Aufbruch der Frau im letzten Jahrhundert sichtbar aus einer dienenden, sich opfernden, abhängigen Haltung zu einer Partnerin, die teilhat am Gestalten des Lebens. Sie begann, sich weniger mit notwendigen Funktionen, sondern mehr mit dem Anliegen der Entwicklung von Persönlichkeit zu identifizieren. Im Unterschied zur Hauptaufgabe des Lebenschenkens früherer Frauengenerationen verlangt Frausein heute, sich im Erleben eigener Ganzheit zu begreifen, in den umfassenden menschlichen Möglichkeiten von Intro- und Extraversion, von aktivem und kontemplativem Sein. Es ist eine Herausforderung und Zumutung, ein Geschenk und Belastung, nämlich zu wagen, selbst zu leben und nicht mehr über andere und über das Tun für andere den eigenen Wert zu definieren.

Mit dieser Akzentverschiebung wurde das patriarchale Weltbild, das dahinter stehende Wertesystem und ein daraus resultierendes Überlegenheitsgefühl des Männlichen in Frage gestellt. Häufig als aggressive Kampfansage missverstanden signalisierte sie jedoch, dass die Zeit gekommen war, die Beziehung der Geschlechter zueinander in ihrer zunehmenden Einseitigkeit zu erkennen, die nicht nur der Frau, sondern auch dem Mann zum wachsenden Un-Heil wurde: Die andauernde Stärke, die er sich selbst fortwährend abverlangte, zwang zur Verdrängung von Schwäche. Die zur Aufrechterhaltung der Illusion notwendige Überlegenheit in allen Lebenslagen überdeckte Unsicherheiten. Der Überanspruch nach großartigem

Heldentum im Kriegs- und Wirtschaftsleben vernichtete jedoch eben diese Helden, die er schuf. Heroentum ebenso, wie der Anspruch auf Gottähnlichkeit verlieren zumeist den Boden der tragenden Mutter Erde unter den Füßen. Die in Gestalt der unterlegenen ‚minderwertigen' Frau entwertete Erdhaftigkeit rächt sich und frisst ihre eigenen Kinder – bis heute. Religion, Lebensführung und Beziehungsverhalten im Patriarchat drängten die große Mutter, das große Weibliche, immer mehr an den Rand, bis das männliche Prinzip einseitig das Bewusstsein dominierte und das Weibliche dämonisiert, zur Hexe und verschlingenden Gefahr wurde. In der so konstruierten Göttlichkeit herrschte nur noch Geist und Askese, Leib- Lust- und Lieblosigkeit waren die Folge. Barmherzigkeit und Gefühl, Seelenhaftigkeit und Herz wurden abgespalten und damit zur Domäne der Frau.

In den kühlen Geistgemächern des Patriarchats, in der Welt von Rationalität und Religion, blieb nur die Distanz zum Weiblichen, sich ausdrückend in der weitgehenden Ferne von Gefühl und Erbarmen, von Wärme und Geborgenheit. Sentimentalität musste mit ihrer Scheinwärme den Mangel überdecken und, wenn das nicht mehr ausreichte, wurde die Mutter und das ungelöste Mutterproblem über Materialismus und Konsum wieder herbeizitiert. Die Sucht nach Maßlosigkeit und Fülle sollte die Sehnsucht nach Inhalt abdecken. Um sich nicht selbst in ihrer verzweifelten und sinnlosen Sucht zu entlarven, musste diese wieder rationalisiert und zum Fetisch stilisiert werden. Konsequenterweise wurde Wirtschaftswachstum mit allgemeiner positiver Entwicklung gleichgesetzt. Wie stellt sich heute denn Mann-Sein dar? Hoffnungslos identifiziert mit Scheinwerten, in Bildern eigener Größe und Herrlichkeit, die sie jedoch ihrer eigenen Erdung berauben: Abgehoben aber nicht begeistert, locker, jedoch nicht gelassen; stets bemüht, Haltung zu bewahren werden sie immer ungehaltener, verzweifelnd in sehnenden Süchten, verstricken sie sich, statt sich zu entlasten. Wie lässt sich das verlorene Gefühl, wie Wärme, Beziehungsfähigkeit, gleichbedeutend mit der Wertschätzung des weiblichen Pols, wieder gewinnen? Wir leben in Jahrzehnten eines zunehmenden Verlusts des Weiblichen bei parallel laufender wachsender Mythologisierung eben dieses Weiblichen. Fehlende Sicherheit im Wissen um das Wesen des weibliches Seins zwingt zur Erschaffung des „Mythos Frau“ in Gestalt der Göttinnen der Leinwand, der Ikonen der Medien: Rätselhaft, geheimnisvoll, gleichzeitig viel- und nichtssagend, seelenvoller Augenaufschlag, eine Geste – so wurde die ‚Göttliche‘, Greta Garbo, geboren, ein verführerisches Sexidol wie Marlene Dietrich oder Marylin Monroe erschaffen, eine Grace Kelly zur hingebungsvollen Familien- und Landesmutter Gracia Patricia stilisiert und schließlich eine Lady Diana zur Königin der Herzen gekürt.

Die ungestillte Sehnsucht nach der „großen Göttin“ fordert das Phänomen der Idealisierung und Mythologisierung. Voraussetzung dafür ist relativ wenig persönliches Profil, um so eine größtmögliche Identifikation seitens des Durchschnittsmenschen zu erlauben. Dieses Phänomen, führte in der Person von Lady Diana zum Höhepunkt: Die archetypische Thematik von Unschuld und nicht selbst verursachten Leides angesichts schicksalhafter Härte. Eine angeborene königliche Würde im Sinne einer Auserwähltheit bei gleichzeitiger tragischer Verstrickung. Schönheit, Glanz, Luxus und Überfluss einerseits, das Straucheln in menschlich allzumenschlichen Niederungen andererseits. Wirklich persönliche Züge stören das Bild, sie sind hinderlich für Idealisierung und irritieren. Die Medien unterstützen das menschliche Bedürfnis nach dieser aktuellen Mythologisierung des Weiblichen. Gekannt aber nicht bekannt, äußerlich vertraut, doch innerlich fremd, jederzeit verfügbar und trotzdem eine Person ohne Fleisch und Blut. Die moderne Göttin muss gleichzeitig der Öffentlichkeit zugänglich, vom Sensationsbedürfnis konsumierbar, wirksam, jedoch nicht wirklich sein. Damit ermöglicht sie dem einzelnen, sich ebenfalls göttlich zu fühlen und sich kurzzeitig von seiner persönlichen oft so leidvoll durchschnittlichen Individualität zu entfernen.

Um wirtschaftlich ausbeutbar zu werden, wird die Sehnsucht zur tödlichen Sucht. Noch nie war es gefahrlos, sich in der Rückkoppelung mit einem Mythos zu identifizieren: Die Übermenschlichkeit wird zum Maß und dieser Irrtum endet zumeist in einer Katastrophe. Die Göttin der Medien wird zum gejagten Wild. Sie geht an ihrem eigenen Überanspruch, der den Boden der Realität längst verloren hat, zu Grunde.

Rückkehr zum Mythos, zum weiblichen Mythos entspricht der Sehnsucht nach dem Sinn, einem Bedürfnis, das sich mehr und mehr ins Bewusstsein des heutigen westlichen Menschen schiebt.

„In kulturellen Spätzeiten, wie unserer heutigen [...] in der die eindeutige Klarheit zerbrochen und überholt erscheint und das Gefühl der Entfremdung, Bedrohung, Angst wächst, erwacht das verdrängte Bedürfnis in einen übergreifenden ganzheitlichheilsamen Gesamtzusam-

menhang, wie sie dem Mythos eigen ist. [...] Dies gilt insbesondere auch für das Geschlechterverhältnis, das sich im mythopsychohistorischen Verlauf archetypischprojektiv um mythische Gestalten und Gestaltungen herum anreichert und durch sie ausdrückt...“ [1]

Erleichtert der Mythos Sinnsuche, Sinnfindung in der Beziehung zwischen Mann und Frau, kann er zumindest Erkenntnis wecken, Wege der Verständigung aufzeigen? Das Argonautenepos mit seinem berühmten Beziehungsdrama „Jason - Medea“ bietet Orientierungshilfe, um zu lernen, aus einer faszinierenden Begegnung eine einmalige Beziehung zu gestalten, die ein ganzes Leben bereichert.

Phrixos und der goldene Widder – eine Vorgeschichte

Das goldene Vlies gehörte einst einem Widder, der ein Geschwisterpaar, Phrixos und Helle, auf der Flucht vor der Stiefmutter zum Schwarzen Meer nach Kolchis trug. Während die Schwester im Hellespont unterging, landete Phrixos bei König Aietes, dem Sohn des Sonnengottes Helios, am äußersten Ende des Schwarzen Meeres, d.h. am Rande der bekannten und (bewussten) Welt. Phrixos wurde vom König mit dessen ältester Tochter Chalkiope verheiratet. Der Widder symbolisiert männliche Zeugungskraft und schöpferische Energie und wird darum häufig mit der Sonne in Verbindung gebracht. Seine spiralförmigen Widderhörner begleiten die männlich-kraftvoll zeugende Gottheit in den verschiedensten Religionen, sei es in Ägypten, in Phönizien oder Griechenland. Daneben ist er auch Opfertier und verbindet mit der göttlichen Würde gleichzeitig die Unterwerfung unter eben dieses Prinzip.

Verknüpft man den Symbolgehalt des Goldes mit diesem mythischen Bild, wird der Ausdruck von Wert und Würde noch betont. Gold steht darüber hinaus für Unzerstörbarkeit, aber auch für Weisheit und Ehre, gleichsam „gefrorenes Licht", das Erleuchtung und höhere Erkenntnis verkörpert und auf diesem Hintergrund im Mittelalter zum Symbol der Suche nach sich selbst wurde. Der Widder ist also ein Tier, das das männlich-aktive, das dynamische Moment unterstreicht, möglicherweise auch Ausdruck ist für das mutige Erobern von Neuland durch Phrixos, der sich als Vertreter der bewussten Welt zunächst mit Helle, dann im Alleingang nach Osten aufmachte. Das neue Land verspricht Phrixos Rettung und Sicherheit. Hier herrscht Aietes, Sohn des Helios. Phrixos heiratet nach Zeus'schem Ratschluss die Tochter des Herrschers, Chalkiope, und verbindet sich damit eng mit einer völlig fremden Welt und Kultur.

Es geht also bereits hier um Begegnung und Verbindung mit dem Osten. Dieser, als Bereich des Fremden, Unbekannten, ist gleichzeitig verlockend und gefährlich, aber auch beeindruckend und lebensrettend. Phrixos setzte sich jedoch diesem Neuen nicht in freier Wahl aus. Der Osten schien Zuflucht, um einer lebensbedrohenden Stiefmutter zu entkommen. So rettete er sein Leben, löste jedoch nicht ein dahinter zu vermutendes Mutterproblem. Dies ereilte ihn erneut auf archetypischer Ebene, denn Aietes, wenn auch Sohn des Sonnengottes, scheint mehr dessen Schattenseiten zu leben: Er galt als blutrünstiger, von heftigen Emotionen erfüllter Herrscher, der, ganz im Banne des negativ verschlingenden, mütterlichen Archetyps, alle tötete, die seinen Boden betraten. Die Verheiratung des Phrixos

mit Chalkiope entsprang weniger persönlicher Einsicht als vielmehr dem Gehorsam gegenüber Zeus' Gebot.
So stand in der Vorzeit der Anspruch nach Anpassung im Vordergrund. Aietes gehorchte dem göttlichen Gebot; Phrixos fügte sich über die Heirat der neuen Welt und Kultur ein und verzichtete auf eigene, individuelle Entwicklung. Er opferte den Widder dem obersten Gott, Zeus, zum Dank für seine Rettung. Das Fell des Widders, das goldene Vlies, wurde in einem heiligen Hain aufgehängt und von einem niemals schlafenden Drachen bewacht. Hier mag sich nochmals abzeichnen, dass das Männliche in Gestalt des Vlieses unter der Dominanz des negativ Mütterlichen (im Bild des Drachen ausgedrückt) stand, also zum damaligen Zeitpunkt offenbar noch keine wirkliche Autonomie besaß.

Kollektive Dimension – Berührungen mit dem Osten

Versucht man, Parallelen zur Gegenwart zu ziehen, so mag mancher junge Erwachsene, fasziniert von einer anderen Welt, einer anderen Kultur, getrieben von der Sehnsucht, Neues zu erfahren, nach Osten aufbrechen und sich vielleicht dort mit dem Neuen verbinden. Aber auch hier entschlüsselt sich die so autonom erscheinende Reise häufig als Flucht vor anstehenden Aufgaben der Ablösung, der Klärung von kindlichen Abhängigkeiten. Autonomie entsteht nicht durch Flucht nach vorn in Unbekanntes, Fernes, Faszinierendes. So kann zwar die Berührung mit dem Osten Impulse geben, neue Perspektiven eröffnen, ein Garant für individuelle Entwicklung ist sie nicht.

Eigenständigkeit drückt sich im Mut zur Konfrontation, zur Auseinandersetzung zunächst mit dem Vertrauten aus. Über diesen Prozess vollzieht sich notwendige Selbsterkenntnis. Aufbruch ins Unbekannte, in den Osten bedeutet in erster Linie einen Zuwachs an neuen Erkenntnissen emotionaler wie intellektueller Natur. Beispielhaft hierfür ist der Wissenschaftler und Forschungsreisende Alexander von Humboldt zu Beginn des 19. Jahrhunderts, der in zwei großen Russlandreisen nicht nur den Zauber des Ostens kennen lernte und beschrieb, sondern auch wichtige geographische Erkenntnisse gewann. Er ließ sich anregen, bereichern, knüpfte Kontakte und erlebte hohe Wertschätzung, aber erst die persönliche Verarbeitung und Umsetzung, die immer auch die eigene Persönlichkeit in Frage stellte, eröffnete Dimensionen der Reife.[2]

DIE ARGONAUTEN

Helden oder Antihelden, individuelle Strukturen – Chancen zur Ganzheit

Die Argonauten, eine Gruppe edelster Helden Griechenlands, alle dem äußeren Anschein nach eigenständig, mutig, selbstbewusst, zogen nach Osten um ihrerseits einen Wert in Gestalt des goldenen Vlieses zu gewinnen, vielleicht in der unbewussten Absicht, ihre Männlichkeit, vergleichbar dem Vlies, aus der Dominanz des Großen Mütterlichen zu befreien? Dieser Impuls könnte in der Tatsache Bestätigung finden, dass diese scheinbar rein vom männlichen Bewusstsein dominierte Aktion von der Göttin Hera geplant und initiiert wurde, die stellvertretend für die große Muttergottheit Gaia steht.

Zu Beginn stand Heras Hass auf Pelias, der sich zu Unrecht des Königsthrons von Iolkos bemächtigte, auf den eigentlich Jasons Vater ein Anrecht hatte. Weil Pelias Hera zu wenig ehrte, beschloss diese, ihn zu vernichten. Pelias, in der geheimen Hoffnung, sich Jasons zu entledigen, versprach ihm den Thron, wenn dieser die gefahrvolle Reise bewältigen und ihm das goldene Vlies bringen würde. Hera war Jason jedoch besonders gewogen, weil er sie einst, als sie die Gestalt einer alten Frau angenommen hatte, über einen reißenden Fluß getragen hatte. Dabei verlor Jason eine Sandale[3].

Der Schuh war ein Vorrecht des Freien, der Sklave musste im Altertum barfuß gehen. Schuhe auszuziehen bedeutete, Unterwerfung, Demut, die Anerkennung einer höheren

Macht. So scheint Jason sich auch symbolisch mit der Reise in den Osten unter die Dominanz der großen Muttergottheit Hera zu stellen.

Hera, die Gemahlin des Zeus, des obersten Gottes des griechischen Götterhimmels, galt als machtvolle Himmelskönigin, die große Vertreterin der Ehe, die allerdings – eifersüchtig auf die zahllosen Geliebten ihres Mannes – viel Zeit damit verbrachte, sich an jenen zu rächen. Sie hatte jedoch eine wichtige Funktion als Schützerin von Geburt, von Wachsen und Werden und war in ihrer archaischen Gestalt Schirmherrin irdischer Fruchtbarkeit. So wurde ihr Kult häufig in engen Zusammenhang mit Blumen und Früchten gebracht, was ihre Nähe zu den großen Gottheiten der Fruchtbarkeit, wie z.B. Kybele betont.

Das Argonautenepos ist auf diesem Hintergrund gleichzeitig ein Helden- und ein Antiheldenepos. So kraftvoll und männlich sich die edelsten Helden des damaligen Griechenlands in der Bewältigung vielfältiger Gefahren zeigen, so wenig können sie mit diesen Eigenschaften allein das eigentliche Ziel ihrer Reise, die Gewinnung des goldenen Vlieses, erreichen. Sie brauchen dafür intuitive Kräfte ebenso, wie reife Formen von Gefühl und Gemüt, um ihr Vorhaben zu verwirklichen.

Äußerlich betrachtet ist der erste Teil der Argonautika die dramatische Darstellung einer abenteuerlichen, gefährlichen Reise ins Unbekannte. Es sind Schilderungen von Auseinandersetzungen und der siegreichen Überwindung von Gefahren. Auf einen inneren Pol bezogen, zeigt die dramatische Erzählung, wie einseitig sich Männlichkeit, und das heißt gleichzeitig auch Menschsein, gebärden kann, wenn es sich nur mit einem Teilaspekt menschlichen

Lebens und Seins identifiziert. In diesem Epos, das bereits zu Zeiten Homers mündlich überliefert wurde, dominiert in konfliktgeladenen Lebenssituationen einerseits kühle und planende Überlegung, andererseits zumeist gewalttätige Auseinandersetzung. Jedesmal wäre aber ebensosehr das denkende Durchdringen der Aufgabe, das fühlende Erleben der Gefahr, das ahnende Erfassen der inneren Bedeutung und ein tatkräftiges Handeln gefragt.

Dies sind die vier Funktionen, die Carl Gustav Jung beschreibt,[4] wenn er vom Denken und Fühlen, von der Intuition und der Empfindung im Sinne des tatkräftigen Handelns spricht. Im Zusammenwirken dieser vier Funktionen ergeben sich vielschichtige Lösungsansätze, die immer die Ganzheit menschlichen Seins im Auge behalten. Steht jedoch eine Funktion auf Kosten anderer zu sehr im Mittelpunkt, entsteht ein äußeres und inneres Ungleichgewicht. Ängste und Depressionen ebenso wie destruktive Aggressionen sind Signale dafür, dass progressive Entwicklungsschritte missglücken, weil die harmonische Ganzheit des Menschen außer acht gelassen wurde.

Aus dieser Perspektive ist der erste Teil des Argonautenepos so, wie es Apollonios von Rhodos beschreibt, auch Ausdruck der Sehnsucht nach einem inneren Gleichgewicht im menschlichen Agieren und Reagieren, nach einer Ganzheit, die Polaritäten im Innen und Außen versöhnt. Umgekehrt zeichnet er aber auch überdeutlich die Konsequenzen nach, die dann entstehen, wenn ausschließlich denkendes Vorgehen und gewaltsames Tun die Lebensführung bestimmen. So könnte jede Aufgabe, die sich den Helden stellt, auch als Chance verstanden werden, zu lernen, mit dem Gesamtpotential menschlicher Empfin-

dungen zu reagieren und Lösungsmöglichkeiten zu entwerfen.
Betrachtet man die Zusammensetzung der Helden als äußeres Phänomen ebenso, wie als Ausdruck eines inneren Aufbruchsprozesses des Menschen zu seiner Ganzheit, wären grundsätzlich alle Bereiche psychischen Reagierens in der Vielzahl ungewöhnlicher Helden vertreten: Das intuitive Wahrnehmen als ahnende Vorausschau des Möglichen und als Repräsentation innerer Bilder ist durch zwei Seher, Idmon und Mopsos, repräsentiert. Tatkräftiges Handeln wird sowohl durch die Steuermänner unterstrichen, als auch durch Helden, die sich kämpfend auszeichnen, wie z.B. Polydeukes und Herakles. Das denkende Moment lebt im gesamten Plan der Erringung des goldenen Vlieses, im rationalen Durchdringen und Verwirklichen des Vorhabens. Dieses Denken ist jedoch unbezogen, abstrakt, wenig verbunden mit lebendiger Emotionalität, die Denken in lebenspraktische Klugheit verwandelt. Vielleicht musste darum ein Stück sprechenden Holzes durch Athene, die kluge Tochter des Zeus, in das Schiff eingefügt werden, das im Bedarfsfall zu ihrem Sprachrohr wurde? Das Fühlen scheint das Erleben der Helden zunächst nur wenig zu bestimmen. Lediglich in Belastungssituationen bricht es als lebendige Emotion durch. Es sind jedoch eher euphorische oder depressive, eruptive Reaktionen, die wenig mit dem Ich verbunden erscheinen.
Die Ausgangssituation und die erste Phase der Reise ist darum auch durch wenig echte und lebendige Gefühle gekennzeichnet. Bedeutet dies einen unausgesprochenen inneren Auftrag, ergänzend zum bewussten Entschluss, das goldene Vlies zu erringen, einen unbewussten Schatz zu

gewinnen, nämlich den selbstverständlichen Zugang zum Reichtum des eigenen Gefühls? Ist die Reise in den Osten damit möglicherweise eine Chance für intellektorientierte Menschen, sich in den Tiefen eigener Emotionalität zu erleben, sich Ängsten, Wünschen, Hoffnungen zu stellen und dieses fühlende Erleben in die eigene Lebensgestaltung zu integrieren? Es ist die aus dem kollektiven Unbewussten stammende Erlösungssehnsucht, durch einen Schritt ins Unbekannte einen inneren Schatz zu gewinnen, um das Bewusstsein damit zu bereichern.

Psychologisch könnte das heißen, dass es in der Argonautika um eine Konfrontation von zwei Extremen geht. Auf der einen Seite Helden, die als Träger des Bewusstseins in eine unbekannte Welt aufbrechen, um einen Schatz zu erringen. Auf der anderen Seite Aietes, der diesen Schatz hütet, und in seiner undifferenzierten Emotionalität einen Gegenpol darstellt. Zusätzlich wird dieser Aspekt durch seine Tochter Medea verstärkt; eine Zauberin und Magierin, Dienerin der Hekate, der Göttin der Unterwelt.

Die Persönlichkeit des Jason – ein Psychogramm

Klar strukturiertes Bewusstsein und undifferenziertes, archaisches Gefühl charakterisieren auch Jason, den Anführer der Argonauten. Seine Zwiespältigkeit wird vor allem dem Weiblichen gegenüber deutlich: Ist er auf der einen Seite Schützer des hilfsbedürftigen Alters bei Hera, zeigt er sich auf der anderen Seite im Hinblick auf Frauen kühl und rücksichtslos. Dieses wird Atalanta gegenüber sichtbar, die er als Mitstreiterin ablehnt, weil sie die ‚Männergesellschaft‘ stören würde. Auch seiner Mutter Polymele gegenüber ist er ungerührt. Sie, die für ihn „zuerst und zuletzt“ den Gürtel gelöst hat, weist er brüsk ab. Ebenso kühl begegnet er Iphias, der Priesterin, die sich beim Auslaufen des Schiffes unterstützend anbietet. Jason zeigt sich vordergründig als emotional ansprechbarer, jedoch letztlich nicht wirklich einfühlsamer Mann, der schön und gewinnend auftritt und mit allen Attributen einer herkömmlich überlieferten Männlichkeit versucht zu bestechen und zu beeindrucken. Hierbei leistet ihm ein prachtvoller Mantel Hilfestellung, ein Geschenk der Göttin Athene: Er ist purpurn gefärbt und besitzt am Rand eine umlaufende Borte mit aussagekräftigen Symboldarstellungen.

Wenn man diese Bilder auf dem Mantel genauer analysiert, wird deutlich, dass Jason mit diesem Mantel als Vertreter der patriarchalen Männlichkeit zu verstehen ist, die einerseits versucht, mit Kraft und Stärke zu beeindrucken, und andererseits die Gefühlsseite nur ungenügend entwickelt hat, weshalb diese immer wieder in archaischen Durchbruchsreaktionen in den Mittelpunkt drängt. Die Bilder können auch als Ausdruck der ambivalenten Persönlichkeit Jasons interpretiert werden und geben in ihrer Vieldeutigkeit eine Erklärung dafür, dass er Frauen einerseits anzieht, bezaubert, sie auf der anderen Seite jedoch enttäuscht.

Die Bilder auf Jasons Mantel – Vorwegnahme der (psychischen) Stationen?

Auf dem ersten Bild des prächtigen Mantels fertigen Kyklopen Blitze für Zeus, den alles überwachenden Obersten der Götter. Kyklopen sind Ungeheuer, die jeweils ein Auge in der Mitte der Stirn tragen. Sie gelten als Halbgötter, Kinder der Urgottheiten Uranos und Ge. Sie wurden jedoch zunächst von Uranos, später von seinem Sohn Kronos eingekerkert und erst Zeus, der jüngste der Söhne des Kronos, ließ sie wieder frei und benützte sie im Kampf mit den Titanen als seine vitalen Hilfskräfte. Mit Hilfe der Blitze demonstrierte Zeus sein Bedürfnis nach Macht, wenn er sie z.B. vor den streitenden Gottheiten in den Boden fahren ließ; gleichzeitig sind sie auch immer wieder Ausdruck intensiver emotionaler Durchbrüche seines göttlichen Zorns. Zeus ist oberste Gottheit des griechischen Götterhimmels. Er war einer von drei Brüdern. Poseidon, der zweite, bekam bei der Teilung der Weltherrschaft das Meer, während Zeus den Himmel erhielt und Hades, der dritte Bruder, die Unterwelt. Alle drei Brüder besaßen gleiche Rechte auf der Erde und im Olymp. Allerdings wurde Zeus als oberster Gott anerkannt, weil er nach der Überlieferung derjenige war, der seine Geschwister vor dem Neid ihres Vaters Kronos gerettet hatte. Dieser hatte nämlich einstmals alle seine Kinder, mit Ausnahme von Zeus, verschlungen, weil er fürchtete, dass sie ihn entthronen und entmannen würden, ähnlich wie er es mit seinem Vater Uranos getan hatte.

Zeus muss man als eine sehr komplexe Gottheit betrachten, die in vielfältiger und sehr ambivalenter Weise mit den

Göttern wie mit den Menschen verknüpft war. Er verkörperte überwiegend ein väterliches, strukturierendes Prinzip; er war der Himmelsgott, der alles überwachte.
Auf diesem Hintergrund dürfte diese erste Abbildung auf dem Mantel des Jason als Hinweis auf die enge Verbindung zum Bereich patriarchaler Einstellung zu verstehen sein: Er ist identifiziert mit einem Macht- und Herrschaftsanspruch, gleichzeitig ist die Emotionalität undifferenziert. Dies zeigt sich bei Zeus in seiner sprichwörtlichen Wankelmütigkeit und Verführbarkeit durch attraktive Frauengestalten, sowie seiner geringen Bereitschaft, einfühlsam sein Gegenüber wahrzunehmen, wenn sein Anspruch auf Überlegenheit und Stärke bedroht wird. Auch Jasons Persönlichkeit scheint vom männlichen Anspruchsdenken einer patriarchal bestimmten Kultur geprägt. Es bleibt offen, inwieweit er diesem hohen Anspruch auch mit persönlichem Profil und individueller Reife entsprechen kann.
Im zweiten Bild des Mantels werden die Grundfesten der Stadt Theben durch Amphion und Zethos gelegt. Amphion und Zethos waren Zwillingsbrüder und Söhne des Zeus und der Antiope. Amphion und Zethos führten als Könige gemeinsam eine freundschaftliche Herrschaft über Theben, nur Zethos spottete gewöhnlich über Amphions Vorliebe für Musik, lernte jedoch, sie zu respektieren, als die Brüder die Mauern für Theben errichteten. Während Zethos unter dem Gewicht riesiger Steine hin und hertaumelte, spielte Amphion auf seiner Leier und die Steine polterten, von der Musik bezaubert, hinter ihm her und fielen aus eigenem Antrieb an den vorgesehenen Platz.
Es könnte sich dahinter der Hinweis verbergen, wie wichtig neben der vitalen, trieborientierten Kraft, die ein Zethos

symbolisiert, die andere Seite des Menschlichen, des Männlichen ist, die der Sensibilität, der musischen Inspiration und eines empfindsamen Kontaktes mit der Umwelt – eine Haltung, die trotz allem offensichtlich mehr Struktur und Ordnung ermöglicht, als titanische Kraftanstrengung. Diese unterschiedlichen Brüder sind einmal als Ausdruck gegensätzlicher und häufig widerstreitender Seiten im Menschen zu verstehen. Gleichzeitig sind sie jedoch Zwillinge, was bedeutet, dass sie sowohl in ihrer Eigenart respektiert, als auch in ihrer engen Zusammengehörigkeit verstanden werden wollen. Indem dieses Bild auf dem Mantel des Jason erscheint, deutet sich über den einseitigen patriarchal orientierten Anspruch des ersten Bildes eine zweite gleichwertige Seite an, die auf Chance und Möglichkeit in der persönlichen Entwicklung eines Jasons hinweisen könnte. Es wird von den Brüdern in ihren unterschiedlichen Fähigkeiten eine Stadt gebaut, Ort der Ganzheit und Geborgenheit, innerpsychisch mit dem Selbst vergleichbar, dessen Gestaltung der innere Auftrag der Reise Jasons ist.

Die dritte Abbildung zeigt die Göttin Aphrodite, Repräsentantin verführerischer Weiblichkeit und Schönheit, mit einem Schild des Ares. Aphrodite war die Geliebte des Ares. Ein denkbar antagonistisches Paar: Ares, als Gott des Kampfes und der Waffengewalt, verkörpert das einseitig männliche Bild des waffenklirrenden Helden; Aphrodite, die Schaumgeborene, gilt als die Göttin der Liebe und Schönheit quasi eine antike ‚Männer-Phantasie'. In der bildnerischen Darstellung auf dem Mantel wirft der Schild des Ares, den die Göttin hält, seinerseits wie ein Spiegel ihr eigenes gewinnendes Bild zurück. Soll damit ausgedrückt werden, dass auf dem Hintergrund tatkräftigen, kämpferischen Handelns Gefühle und Emotionen möglicherweise intensiver sichtbar werden, gleichzeitig aber auch, dass diese Pole in der Persönlichkeit zusammengehören wollen, um ein inneres Gleichgewicht herzustellen? Insofern zeigt sich in dieser Abbildung ein ähnliches Motiv wie im zweiten Bild, diesmal auf dem Hintergrund der Unterschiedlichkeit und Gemeinsamkeit eines Ehepaares, was vorher auf der Geschwister- und Zwillingsebene sichtbar wurde: Gegensätze und die Notwendigkeit der Gegensatzvereinigung, um Neues zu ermöglichen.

Die vierte Abbildung zeigt eine Rinderweide, auf der Teleboer mit den Söhnen des Elektryon gegen taphische Räuber kämpfen, die die Rinder rauben wollen. Es geht hier um Werte, und zwar, symbolisch gesehen um vitale Werte der Fruchtbarkeit und Mütterlichkeit, die vor räuberischem Übergriff geschützt werden sollen. Elektryon, ein Sohn des Perseus und der Andromeda, wurde bei diesem Kampf ebenso getötet wie andere, das Vieh schützende Männer. Recht und Unrecht, Sittengesetze und Lebensgefahr, sowohl beim Befolgen, wie beim Brechen – es sind Themen, die in Kolchis beim Erringen des Vlieses durch Jason vor allem für Medea zur schier unlösbaren Rätselfalle werden. Dieses Bild macht sichtbar, wie gefährlich einseitige räuberische Übergriffe als willkürliche Demonstration von Kraft und Gewalt letztendlich sein können und nicht selten tödliche Konsequenzen in sich tragen.

Auf dem fünften Bild des Mantels ist eine Verfolgungsjagd dargestellt: Oinomaos von Pisa versucht seine Tochter Hippodameia und ihren Entführer Pelops einzuholen. In der Szene auf dem Mantel schickt sich Oinomaos an,

Pelops in voller Fahrt zu erstechen, während die Achse seines eigenen Wagens gerade bricht. Das Bild versucht den gesamten mythologischen Hintergrund einzufangen.
Pelops, ein Sohn des Tantalos, wird von seinem Vater zerstückelt und den Göttern zum Mahl vorgesetzt, denn Tantalos wollte damit die Unfehlbarkeit der Götter erproben. Die Götter erkannten den Betrug. Pelops wurde wieder zusammengesetzt und Tantalos musste im Hades sprichwörtliche Qualen erleiden, indem, wann immer er nach Essen oder Trinken greifen wollte, es sich ihm entzog, obwohl die Früchte zum Greifen nahe, das Wasser fast seinen Mund berührte. Pelops seinerseits begab sich zu Oinomaos, der seine Tochter Hippodameia nur demjenigen geben wollte, der ihn in einer Wettfahrt besiegen würde. Schon eine große Anzahl Freier hatte Oinomaos mit seinen wilden Rossen, die er von seinem Vater Ares bekommen hatte, besiegt und sie mit seiner Lanze durchbohrt. Pelops besaß zwar geflügelte Pferde von Poseidon, doch sein Sieg wurde erst durch einen Betrug möglich: Myrtilos, des Königs Wagenlenker, ein Sohn des Hermes, der bekanntermaßen der Gott der Diebe und der Kaufleute ist, tauschte die eisernen Pflöcke der Naben mit wächsernen aus, so dass auf diese Weise der in der Abbildung geschilderte Achsenbruch geschah und Pelops als Sieger aus dem Wettkampf hervorging.
Hier geht es um eine Frau, die der Vater als einen ihm zustehenden Besitz betrachtet. Zu diesem einseitigen Männlichkeitswahn kommt das Moment von Betrug und Mord. Der Wettkampf, der sich im Ringen um den Sieg ehrenhaft-männlich gibt, ist jedoch ein Täuschungsmanöver. Die faire Lösung bleibt einseitig: Jeder Sieger braucht

den Verlierer, Macht und Überlegenheit sind nur durch Ohnmacht und Unterwerfung auf der anderen Seite möglich. Glanz und Herrlichkeit des Patriarchats lebten von der Entwertung des Weiblichen zum Objekt männlicher Bedürfnisse. Verrät sich nicht auch hier Jason in seiner Prägung und der daraus resultierenden Einstellung zum Weiblichen?

Das sechste Bild des Mantels stellt den halbwüchsigen Gott Apollon dar, wie er mit Pfeil und Bogen Tityos erlegt zur Strafe, weil dieser neugierig und zudringlich Leto, die Mutter der Geschwister Artemis und Apollon belästigte und ihren Schleier lüftete. Tityos ist einer der ewigen Büßer der Unterwelt, Prometheus nahe verwandt. Er war ein Sohn des Zeus und musste später im Hades seine zudringliche Tat dergestalt büßen, dass er durch ein Geierpaar der Leber, dem Sitz der Begierde, beraubt wurde, die jedoch, ähnlich wie bei Prometheus, täglich nachwuchs.

Zeigt sich hier eine Eigenschaft Jasons, seine Rücksichtslosigkeit dem Weiblichen gegenüber, wenn es um die Verwirklichung eigener Interessen geht, die Bereitschaft, Grenzen zu überschreiten, Feingefühl vermissen zu lassen? Verbirgt sich dahinter eine verwöhnende Mutter, die ihm zu wenig an Einfühlung und Rücksichtnahme abverlangte, so dass sich auf diese Weise zu wenig Takt und Respekt dem anderen Geschlecht gegenüber entfalten konnte?

Fassen wir diese sechs Darstellungen des prächtigen Mantels zusammen, so dominieren zwei Ebenen der Einstellung Jasons zur Welt: Es ist auf der einen Seite das kraftvolle, zupackende und kämpferische Tun, das über körperliche Überlegenheit den Sieg zu erringen sucht. Es ist auf der anderen Seite die Qualität intensiven Fühlens, eines Erlebens, das allerdings sehr häufig in den Dienst von Besitzstreben und Machtgier gestellt wird. Es stehen damit vor allem zwei der von C. G. Jung beschriebenen Funktionen im Mittelpunkt: Die sog. Empfindung als Ausdruck tatkräftigen Handelns und das Gefühl. Die beiden anderen Funktionen, die erst das Gesamte menschlichen Erlebens und Reagierens ausmachen, das Denken und die Intuition, finden in diesen Bildern keinen Ausdruck. Vielleicht soll damit Problematik und Lösungsmöglichkeit der Argonauten und ihrer männlich-menschlichen Aufgabe zum Ausdruck kommen: Sie stehen in der Gefahr, angesichts der Überbetonung dieser beiden Haltungen in eine Einseitigkeit zu entgleisen; einerseits in die Demonstration einer Schlägermentalität, andererseits in den sentimentalen Gefühlsüberschwang. Der Weg zum äußeren wie zum inneren Ziel verlangt eine gleichgewichtigere Basis von Sein und Tun.

Die siebte Abbildung fällt sichtbar aus diesem Zusammenhang heraus, so wie auch die Zahl sieben eine Sonderstellung innerhalb der Zahlen einnimmt. Sie weist in ihrer Kombination von „niederer Dreiheit“ und „höherer Vierheit“ auf eine besondere Wertigkeit hin, die ihr häufig auch den Zunamen ‚heilige‘ Zahl einbrachte. Sie ist die Zahl der Vereinigung der Gegensätze. Diese Abbildung zeigt Phrixos, wie er dem Widder aufmerksam zuhört. Das Hören verkörpert eine andere Dimension, als der aktiv dynamische Zugriff, der in den sechs anderen Bildern zentral war. Im hörenden Wahrnehmen deutet sich der Aspekt des kontemplativen Seins, des einfühlsamen Bezogenseins an. Phrixos, der von dem Goldenen Widder gerettet nach Kolchis ins fremde Land kam, opferte diesen,

dankbar für seine Rettung, dem Zeus. Das goldglänzende Fell wurde im Heiligen Hain aufgehängt.
Auf diese Weise kommt noch ein weiterer, über die ersten sechs Bilder hinausweisender Aspekt hinzu. Es ist die Wertschätzung der Transzendenz, die Anerkennung der göttlichen Überlegenheit, Ehrfurcht, und die Bereitschaft zum Opfer. Als individueller Hinweis für Jason und seine Kameraden findet sich darin der Fingerzeig, nicht nur einseitig die ihnen vertrauten Funktionen und Fähigkeiten der Aktivität zu leben, sondern ebenso einzuhalten, wahrzunehmen und hinzuhören. Kollektiv unterstreicht die Bildersprache des Mantels die Notwendigkeit, dass zur sinnvollen Lebensführung ebenso die aktiv-handelnde wie die passiv-rezeptive Seite gehört. Erst ihre harmonische und ausgewogene Verbindung schafft psychische Stabilität.

Männlichkeit im Aufbruch – die Abenteuer der Argonauten

Männlichkeit im Aufbruch, so könnte man in der zusammenfassenden symbolischen Interpretation des Mantels die Argonauten charakterisieren. Sind sie auch in der Lage, einen Umbruch zu wagen, sind sie bereit, sich in Sensibilität auf Begegnungen einzulassen, sich dem Schwingen des Gefühls zu überlassen, eine Chance, die die erste Station der Reise, die Begegnung mit den Frauen auf Lemnos anböte?

Lemnos und Hypsipyle

Lemnos ist eine Insel, die von Frauen beherrscht wurde, die ihre Männer umgebracht haben. Ihr vernichtender Zorn entstand, weil die Männer sich Geliebte genommen und ihre Frauen vernachlässigt hatten.

Die Frauen von Lemnos erleben sich in einer schwierigen Situation, weil sie die mögliche Rache der Argonauten fürchten. Die junge Königin Hypsipyle hört auf den Rat ihrer Amme und beschließt mit ihr und den anderen Frauen, die Argonauten als Ersatz für ihre Ehemänner zu sich einzuladen, um damit einer möglichen Rache des Männlichen entgegenzuwirken.

Apollonios lässt Hypsipyle den Argonauten gegenüber ihre Geschichte so erzählen: *„Als mein Vater Thoas noch über die Einwohner der Stadt herrschte, da brachen die Männer unseres Volks zu den Thrakern auf, die gegenüber wohnten, plünderten von Schiffen aus deren Gehöfte und brachten gewaltige Beute hierher, darunter auch Mädchen. [...] Sie verschmähten ihre rechtmäßigen Frauen und verstießen sie – ihrem Wahn folgend – aus den Häusern. Stattdessen teilten sie das Lager mit den im Krieg erbeuteten Mädchen, die Rücksichtslosen! [...] Ihre ehelichen Kinder galten nichts mehr im eigenen Haus. Ein Geschlecht von Bastarden wuchs heran. [...] Nicht im Geringsten kümmerte sich der Vater um seine eigene Tochter, nicht einmal, wenn sie vor seinen Augen unter den Händen der gewissenlosen Stiefmutter misshandelt wurde. Auch bewahrten die Söhne die Mutter nicht mehr wie früher vor Schimpf und Schande.“* [5]

Weiter berichtet Hypsipyle, dass die Lemnierinnen ihre Männer daraufhin vertrieben, verschwieg Jason jedoch das dramatische Ende. Die Lemnierinnen spielten die dem patriarchalen Herrschaftsdenken (das sich im wesentlichen in aktiv-dominierenden Handlungsweisen darstellt), entsprechende, unterwürfige und passive Rolle. Sie erschienen auf diese Weise zunächst als Opfer der Willkür, der Selbstgefälligkeit und Rücksichtslosigkeit des Männlichen ausgeliefert.

Ihre Eifersucht ist als Reaktion auf diese im Patriarchat häufig geübte Entwertung des Weiblichen zu verstehen und als Vulkanausbruch des gestauten Selbstgefühls, Quelle ihrer mörderischen Rache. Indem sie das Männliche töten, emanzipieren sie sich jedoch nur scheinbar. Vielmehr kopieren sie die einseitig aktiv-aggressiv handelnde Seite des Männlichen und beantworten den Druck mit Gegendruck. Dieses Verhalten ähnelt in manchen Bereichen den emanzipatorisch-feministischen Bestrebungen des Weiblichen in diesem Jahrhundert. Auf diese Weise kann weder individuelle noch kollektive Entwicklung stattfinden.

Insofern ist das Aufeinandertreffen der Argonauten und der lemnischen Frauen nicht so sehr eine Begegnung von Individuen, die sich gleichwertig aufeinander beziehen, sondern vielmehr eine Strategie, um die aktuelle Mangelsituation bei den Frauen, aber auch bei den Männern, zu beheben. Allerdings mischen sich in die Polarisierung, geprägt von unterschwelligem Machtkampf, Zwischentöne. Die alte Amme vertritt das Element kluger Planung und ergänzt damit das eruptiv emotionale Agieren der Frauen. Die Königin nimmt die Bedenken nicht nur auf, sondern erweitert sie, indem sie sich intuitiv auf die Psyche der Argonauten einstellt.

Hypsipyle könnte so als Vertreterin einer neuen, bewussteren Frauengeneration verstanden werden. Sie verfügt über ein reiches Spektrum lebendiger Fühl- und Verhaltensmuster: Zunächst war sie in der Lage, den kollektiv-aggressiven Gefühlsausbruch des Weiblichen gegenüber dem Männlichen bei sich selbst individuell zu steuern, indem sie ihren alten Vater vor dem Massaker rettete. Sie differenzierte ihr Fühlen zu angemessenem Mitgefühl. Als Königin nahm sie die Geschicke der Frauen tatkräftig in die Hand. Denkend erwägt sie eine kritische Situation, zeigt sich einfallsreich und flexibel und schließlich steht ihr die Intuition zur Verfügung, um Menschen wie Situationen einfühlsam zu erfassen. In der Liebesbeziehung mit Jason wird ihre runde Persönlichkeit im Vergleich zu seiner Zwiespältigkeit sichtbar: Dies zeigt sich vor allem in der Abschiedssituation, die nicht einem natürlichen Ablösungsprozess entspricht, sondern willkürlich durch Herakles' Spott hervorgerufen wird. Herakles lässt in seinen ironischen Worten viel an Rivalität spüren, wenn er sagt: *„Den aber laßt den ganzen Tag in Hypsipyleias Bett liegen, bis er Lemnos mit Kindern bevölkert und ihn großer Ruhm ereilt.*“ [6]

Jason ist trotz einer zur Schau gestellten Männlichkeit in seiner Position als Anführer nicht wirklich selbstbewusst, und kann sich darum mit Herakles nicht angemessen auseinandersetzen. So wählt er den Kompromiss, in der Beziehung zu der jungen Königin eine kurzzeitige Episode zu sehen. Trotzdem beauftragt er sie in naiver Anmaßung damit, einen möglichen Sohn mit der Fürsorge für seine alten Eltern zu betrauen. Er entledigt sich damit in einer kalt und anmaßend wirkenden Abschiedsrede einer Aufgabe, die eigentlich die seine wäre, delegiert Pflege, Fürsorge für seine Eltern an eine kurzzeitige Geliebte und einen potentiellen Sohn.

Wie reagiert Hypsipyle? In der Anfangssituation zeigt sie sich als klar denkende, aufgeschlossene, gleichzeitig zum Mitgefühl fähige Frau, die aktiv und eigenverantwortlich in der Lage ist zu handeln. Sie kann ihre Gefühle reflektieren und sich, anders als die Artgenossinnen, mit Eifersucht und Rache bewusst und kritisch auseinandersetzen. Gleichzeitig wird Hypsipyle als hingabefähig geschildert, bereit, sich auf Jason, seine Person, bezogen und liebevoll einzustellen. So verfügt sie über eine tragfähige innere Basis, um in freiem Schwingen sich selbst und den Mann zu sehen und sich auf eine Beziehung einzulassen, ohne die eigene Persönlichkeit aufzugeben. Sie bleibt sich und ihrer Liebesfähigkeit treu, indem sie traurig und tränenüberströmt von ihm scheidet. Bei aller Gemütsbewegung schützt sie sich jedoch vor illusionärer Fremdüberschätzung und daraus resultierender, unterwürfiger Opferhaltung. Sie scheint sich vielmehr insgesamt zu einer inneren Ausgeglichenheit weiter entwickelt zu haben: Weder verzehrt sie sich in Unzufriedenheit, noch sinnt sie in berechtigter Verletztheit auf Rache. Sie kann – ganz im Gegenteil – soviel Eigenständigkeit entwickeln, dass sie ihren von Jason gezeugten Zwillingen Euneos und Deipylos nicht die Hypothek ihres Vaters aufbürdet, sondern sie zu selbstbewussten Männern erzieht.

Männliches und Weibliches berührten sich zwar auf Lemnos, wirkliche Begegnung fand aber weder äußerlich noch innerpsychisch statt. Die Männer ziehen weiter, ohne tiefere Bewegung und Erschütterung. Auch in ihrer demonstrativen extravertierten Heldenhaftigkeit, der Dominanz von Aktivität und Zugriff, hat sich durch den Kontakt mit den Frauen von Lemnos nichts Entscheidendes verändert, auch bei Jason nicht. Er bleibt der gewinnende und charmante Held, der jedoch zu tieferer Emotion, zu echter fühlender Begegnung weder mit dem Weiblichen noch mit seinen eigenen empfindsamen Seiten in der Lage ist.

Einweihungsrituale in Samothrake

Nächste Station der Reise ist Samothrake. Orpheus, der sensible Sänger, gab den Impuls, bei diesem Heiligtum Halt zu machen, um sich einweihen zu lassen. Orpheus hatte bereits zu Beginn der Reise durch sein Leierspiel und sein harmonisches Wesen aufkommende Zwistigkeiten geschlichtet. Er gilt als Sohn Apolls und der Muse Kalliope. Apollon brachte ihm das Leierspiel bei und jener beherrschte es so, dass er mit seinem Gesang sogar wilde Tiere bezauberte, und Steine und Bäume ihm folgten, wenn er wollte. „*[...] Orpheus' Leier kennst du nicht. Der führte, durch den Zauber seiner Stimme, jedermann zur Seligkeit,*" lässt Aischylos Aigisthos in der ‚Orestie' dieses Talent des Sängers beschreiben.[7] Orpheus' Aufforderung an die Argonauten, sich in die Mysterien von Samothrake einführen zu lassen, könnte unterstreichen, dass neben einer Haltung, die auf Realitätsbewältigung ausgerichtet ist, der Bezug zum Irrationalen notwendig ist, um sich in seiner Ganzheit zu entwickeln.

Nach der Überlieferung galt Samothrake als die Insel der Atlastochter Elektra. War Atlas noch jener Titan, der als Träger des Himmelsgewölbes, das wenig differenzierte Moment vitaler Kraft, so symbolisiert Elektra eine umfassendere Perspektive. Sie gebar Zeus drei Kinder, unter ihnen Javion, der als Vertreter der Fruchtbarkeit zu eben

jenen Kabiren-Göttern gehörte, die im Mittelpunkt der Einweihungsriten standen. Wir wissen bis heute wenig über den Kult von Samothrake. Sicher ist, dass es bei diesen Mysterien, die den Kabiren heilig waren, um die Wertschätzung und den Einbezug unterirdischer Mächte ging, die vor allem auch das wässrige Element bestimmten. Auch hier steht, ähnlich wie hinter den Mysterien von Eleusis, der Gedanke der Wertschätzung fruchtbarer Naturkräfte, allerdings wird hier der männliche Aspekt stärker betont. Auf diesem Hintergrund waren in den Mysterien von Samothrake gleichzeitig alle wichtigen männlichen Gottheiten des Olymp repräsentiert. Eine Einweihung in die Mysterien hatte mit der Entwicklung männlich-kreativen Bewusstseins zu tun bei gleichzeitiger Anerkennung des väterlich-göttlichen Herrschaftsprinzips. Der eine Akzent dürfte somit auf der Erkenntnis des Geistes und des Geistigen liegen. Der andere betont das Wesen der Seele, die Frage ihrer Unsterblichkeit, einer möglichen Seelenwanderung und ihrer Entwicklungsfähigkeit.
Damit weisen die Inhalte der streng geheim gehaltenen Initiation auf die Dreiheit von Körper, Geist und Seele hin, die es wertzuschätzen gilt. Das Sein im Jetzt und Hier, der Blick in die geistigen Höhen, zum Göttlichen und die Schau in die eigenen Tiefen des Unbewussten der seelischen Urkräfte. Vor den Stürmen der Weltmeere und des Lebens geschützt zu werden, das war äußere Erwartung derer, die sich in Samothrake einweihen ließen. Frömmer, gerechter und besser zu werden, wurde als inneres Anliegen von den Mysten betont.[8]
Verinnerlichung, Einkehr, Konzentration auf das Wesentliche, all das sollte den Helden auf Samothrake möglicher-

weise als weitere Erlebnisdimension mitgegeben werden. Mit dem Impuls zur Einweihung wird nochmals deutlich der gegenläufige Entwicklungszug thematisiert: Der Einseitigkeit der Argonauten, der Gefahr der Entgleisung in Selbstbewunderung und Selbstüberschätzung soll offensichtlich mit einem kompensatorischen Moment entgegengewirkt werden. Ist das Hauptmerkmal des Argonautenkollektivs die einseitige aktiv handelnde Ausrichtung auf die Welt, muss sie zusätzlich dieser Fähigkeit zum Geschehenlassen Raum geben. Es ist die rezeptive Haltung, die zulässt, statt alles selbst im Griff zu haben.[9] Orpheus in seiner musischen Persönlichkeit veranlasst diese Korrektur, diese Bewegung nach innen und weist damit den Weg zur Beziehungsfähigkeit zu sich selbst und zum anderen Geschlecht.

Die Tatsache, dass die Argonauten dieses Angebot zur Selbstfindung wahrnahmen und in ihre vordergründig von Aktivismus geprägten Reise mit einbezogen, weist darauf hin, dass ihnen die Notwendigkeit einer Erweiterung ihrer Einseitigkeit durchaus bewußtseinsnah war. Gleichzeitig zeigt der weitere Ablauf der Reise, dass ihnen dieses Wissen um eine äußere und innere Ganzheitlichkeit immer wieder entglitt, so dass ihre Reise immer wieder von Gefahren bedroht war, die sich als Antwort auf geistige und seelische Einseitigkeiten entschlüsseln lassen. Offensichtlich scheint der Sinngehalt der Einweihung vom Bewusstsein der Argonauten nicht assimiliert worden zu sein. Sie lassen sich anschließend sofort erneut auf einen extravertierten Kampf ein.

Die Dolonier und die sechsarmigen Erdgeborenen

Die Argonauten erreichen das Bärengebirge und treffen auf die Erdgeborenen, die über sechs Arme verfügen. Bei einem unmittelbar davor liegenden kurzen Besuch der Dolonier mit ihrem König Kyzikos hatte jener versäumt, die Argonauten auf diese Gefahr hinzuweisen. Diese Erdgeborenen mit ihren sechs Armen unterstreichen, wie in einem Spiegel, die Einseitigkeit der bisherigen Ausrichtung der Helden, die glaubten durch ihre zupackende Aktivität alles Rätselhafte, Unbekannte zu begreifen. Die Erdgeborenen stehen, wie ihr Name bereits ausdrückt, im engen Zusammenhang mit den Wirkkräften des vegetativ-mütterlichen Elementarcharakters und zwar in ihrem lebensvernichtenden Aspekt.

Die Auseinandersetzung und anschließende Überwindung dieser archaischen Kräfte als entscheidender Schritt zur Bewußtwerdung wird durch die Tatsache unterstrichen, dass Jason ihnen in Kolchis bei der Bewältigung der Aufgaben des König Aietes erneut begegnet. Diese ‚erdgeborenen' Wirkkräfte gilt es jedoch nicht primär zu vernichten, so wie es Herakles als Anführer der Gruppe tut. Sie müssen vielmehr als Ausdruck einer eigenen problematischen Einseitigkeit erkannt werden.

Auf dieser Ebene spiegeln sie die ausschließlich an der realen Welt orientierte Lebenseinstellung der Helden und die Bedrohung, die jene Einseitigkeit für eine allseitige Persönlichkeitsentfaltung darstellt. Eine Bewältigung der Gefahr vollzieht sich nicht über Destruktion, sondern durch Struktur, die Einführung von Ordnung, Maß und Grenze. Die übermäßige Erdhaftung oder Bindung an den konkreten materiellen Aspekt der „Großen Mutter“ bestimmt ja auch Erleben und Handeln der Argonauten. Ihre Männlichkeit entschleiert sich darum mehr und mehr als Scheinstärke, welche die Bindung und Abhängigkeit von der „Großen Mutter“ tarnt.

Die Zahlensymbolik der 6 steht für Beziehung und Bindung, ist hier jedoch in der Perversion des festhaltenden Zugriffs ad absurdum geführt. Bindung ist ein inneres Wachstumsmoment, das durch die „freundlichen Weiten“ einer aufgeschlossenen Seele gefördert wird: Durch Flexibilität und Offenheit, durch Toleranz und innere Unabhängigkeit.

Aber diese innerpsychische wie objektorientierte Aufgabe wird von weiten Teilen der Männergesellschaft damals wie heute nur in konkreter, besitzergreifender Weise über die Vernichtung gelöst, ohne die Spiegelwirkung der Erdgeborenen als Hilfe zur Selbsterkenntnis zu nutzen.

Ein Mord ohne Absicht und die Konsequenzen

Widrige Winde behindern die Weiterfahrt der Argonauten, so dass ihr Schiff zurück an das Eiland des Königs Kyzikos treibt, das sie erst am Tag zuvor verlassen hatten. Aufgrund der Dunkelheit erkennen die Argonauten das Eiland nicht wieder und es entbrennt ein blutiger Kampf – er mag wie die Fortsetzung des Kampfes gegen die Erdgeborenen erscheinen. Erst beim Morgengrauen entdecken die Argonauten, dass die vermeintlichen ‚Feinde‘ die befreundeten Dolonier sind und Jason seinen Gastfreund Kyzikos getötet hat. Kleite, die frisch vermählte Frau des Königs, erhängt sich verzweifelt, als sie vom Tode ihres Mannes hört.

Wie lässt sich diese Begebenheit interpretieren? Eine kurzzeitige Freundschaft zwischen den Argonauten und den Doloniern wird durch einen Irrtum zur tödlichen Feindschaft. Eine Erklärung dafür bildet die einseitige Einstellung der Helden ebenso, wie der Dolonier, die sich ausschließlich in der Polarität von Kampf und Versöhnung widerspiegelt. Zwischentöne sind nicht möglich. Angesichts eines Überanspruchs, der eng verbunden ist mit der illusionären Selbstüberschätzung des eigenen Heldentums, wird die Wirklichkeit verkannt, was die Katastrophe auslöst. Jasons Lanze, die Kyzikos ersticht, wird zum demonstrativen Symbol eines überzogenen Männlichkeitswahns. Der Selbstmord Kleites unterstreicht parallel dazu die Einseitigkeit weiblichen Rollenverständnisses und damit verbunden den fehlenden Bezug zur Realität.
Die Argonauten sind in ihrem Verständnis von Männlichkeit in einen egozentrischen Bannkreis geraten. Statt einer notwendigen Beweglichkeit im Sein und Reagieren verharren sie im sinnlosen Wiederholungstun. Indem sie jede unklare, unsichere oder ängstigende Situation aktiv handelnd oder gewaltsam lösen, verzichten sie auf denkendes Durchdringen der Hintergründe oder intuitives Erahnen der verborgenen Wahrheit. Sie fühlen sich in ihrer starren Selbstbehauptung sofort zum Kampf herausgefordert. Diese von Angst und Minderwertigkeitsgefühl verursachte aggressiv gefärbte Selbstüberschätzung treibt ins Chaos. Die Unbezogenheit, häufig mit rücksichtsloser Eitelkeit gepaart, verhindert wirkliches Sehen und Wahrnehmen.
So ist das Erschrecken der Argonauten bei Tagesanbruch im Angesicht der Konsequenzen ihres Tuns folgerichtig. Die kritiklose Selbstbewunderung schlägt um in Selbstbe-

dauern, die anmaßende Selbstüberschätzung wird zum Selbstzweifel, so dass hilflose Panik ausbricht, die nun verzweifelt nach einer übergeordneten Funktion ruft. Es ist der Seher Mopsos, der mit seiner Intuition die verfahrene, übersteigerte und einseitige Situation in ihrer angstmachenden Aussichtslosigkeit lösen soll. Glücklicherweise vermag er die Stimme des Eisvogels, der vorüberfliegt, in der Weise zu deuten, dass die Argonauten Kybele, die Erdmutter, versöhnen müssen. Es ist ein Hinweis darauf, dass das Kollektiv in seinem Männlichkeitswahn möglicherweise die positive Erdbezogenheit verloren hat, was sich ja bereits mit der Vernichtung der Erdgeborenen bewahrheitete: Lösung heißt, den Bezug zur „Großen Mutter" in einer kreativen Weise neu zu erschaffen. Hier versagt Jason als Anführer. Er ruht auf „weichen Schafsfellen" und findet keinen Ausweg. Er ist nicht in der Lage, Einfälle zu haben, d.h., offen zu sein für intuitive Wahrnehmungen, die der kreativen Phantasie zuzuordnen sind. Nur so lassen sich neue und andere Lösungen in Notsituationen finden, die aus der Sackgasse eines einseitigen und übersteigerten Aktivismus herausführen.

Kyzikos und Kleite, das unglückliche dolonische Königspaar, macht auf individueller Ebene deutlich, wie wenig flexibel und entwicklungsbereit die Interaktion männlich-weiblich auch aus kollektiver Perspektive ist: Die Beziehung zum Partner ist in einer Illusion be- oder verfangen und damit Ausdruck eines Außer-sich-Seins statt Zu-sich-Stehens. Demgemäß entgleist die Hingabebereitschaft und Hingabefähigkeit zu einer sinnlosen Opferhaltung als Preisgabe der eigenen Person. Ob das Erhängen – es lässt einem im wahrsten Sinne den Boden unter den Füßen verlieren – die angemessene Todesart ist, um die Einseitigkeit zu betonen, wie sie in alten Rollenmustern gelebt wurde und offensichtlich auch diese Partnerbeziehung charakterisiert, mag Hypothese sein. Wichtig scheint, festzuhalten, dass zu diesem Zeitpunkt die individuelle Beziehung zwischen Mann und Frau durch geringe Eigenständigkeit und Autonomie charakterisiert ist. Starre Rollenmuster machen aber auch kollektives Verhalten unflexibel: Männlich wird dann ausschließlich verknüpft mit der aktiv-extravertierten Einstellung zum Leben, während sich das Weibliche unterzuordnen, dem Männlichen dienend zur Verfügung zu stehen hat. Jenes verkörpert damit genauso einseitig die rezeptive Grundeinstellung zum Leben mit dem zwingenden Anspruch auf Schutz und Geborgenheit. Verharren in einseitigen Rollenmustern führt immer ins Leiden an innerer Isolation, das jedoch aus dem Bewusstsein verdrängt wird. Es schiebt sich erst im Augenblick des Verlustes in Form von depressiven Verstimmungen ans Tageslicht, von Kleite im Selbstmord agiert, von Jason in Hilflosigkeit und Rückzug erlitten.

Wie in vielen modernen psychischen Krankheitsgeschichten, zeigt sich bei Jason, wie die Einseitigkeit einer demonstrativen Heldenhaftigkeit häufig in eine unlösbare innerseelische Problematik mündet. Das Ruhen auf weichem Schaffell in Handlungsunfähigkeit und depressiver Erschlaffung ist als Kehrseite der Selbstüberschätzung zu interpretieren. Es ist eine häufig von der Partnerin eingeklagte Verwöhnungssituation, in die sich heute viele äußerlich erfolgreiche Männer zuhause selbst hineinmanövrieren. Hilflosigkeit und gleichzeitige Abhängigkeit vom Raum des großen Mütterlich-Versorgenden auch hier!

Wie kann die Fähigkeit ahnender Weitsicht, wie kann der Seher Mopsos die hilflosen Helden stützen, wie einen depressiv-resignierten Anführer ermuntern? Er deutet das Orakel des Eisvogels so, dass sich die Argonauten mit der Großen Erdmutter Kybele auseinandersetzen müssen, um einen lebendigen und gleichzeitig eigenständigen Bezug zum erdhaft Weiblichen zu gewinnen. Nur so kann es gelingen, diesem Prinzip äußerlich, aber auch in der eigenen Persönlichkeit einen ihr zukommenden Stellenwert zu geben.

Die Beleidigung der Mutter Natur, die von Kybele vertreten wird, ist innerpsychisch Ausdruck der Missachtung des inneren Harmoniegesetzes, das den Einklang von aktiven und passiven, von zupackenden und aufnehmenden, von variablen und konstanten Persönlichkeitsanteilen und Verhaltensweisen verlangt. Kybele muss besänftigt werden, denn die einseitige Haltung der Helden, die ausschließlich und demonstrativ gelebte Männlichkeit, widerspricht der Ganzheit der Natur, eines natürlichen Gleichgewichts, wie sie die große Göttin vertritt.

Darum ist der Seherspruch ‚psycho-logisch': Vollgerüstet sollen die Argonauten um das Abbild der Kybele tanzen. Ein mächtiger Weinstock, krumm von Alter, wird zum Idol der Gottheit der Berge und der Natur. Er wird aufgestellt, von riesigen Eichen überdacht. Erst jetzt, im Rahmen einer symbolischen Wiederherstellung des natürlichen Wachstums und Werdeprozesses, im Ausgleich fruchttragender Reben und machtvoller Eichen, zeigt sich die Muttergottheit versöhnt und antwortet mit Wunderzeichen der Fruchtbarkeit. Blumen erblühen, Früchte reifen, wilde Tiere nähern sich schwanzwedelnd, eine Quelle entspringt.

Für kurze Zeit ist ein harmonisches Gleichgewicht individuell wie kollektiv entstanden. Kraftvolle Tat, schöpferisches Wachsen und liebende Hingabe vereinigen sich zu einer Ganzheit, die Leben schenkt und Leben garantiert. Eine zentrale Botschaft für die Argonauten, die sie für ihr ferneres Tun als richtungsweisendes Moment einbeziehen sollten.
Nach Lüscher stellt diese äußere Harmonie das Gleichgewicht im Rahmen der natürlichen Prozesse in einem ausgeglichenen Bezug zur inneren und äußeren Realität dar: Zufriedenheit mit sich und der Situation, Selbst- und Fremdachtung, Vertrauen in das eigene Selbst und in das Schicksal, sowie die Möglichkeit, den äußeren und inneren Handlungsspielraum in Freiheit zu nutzen.[10] Es könnte eine stabile psychische Basis sein, um das Schiff der Argonauten, die Argo, als Symbol eines kollektiven Selbstes, in gleichmäßiger Bewegung dem Ziel zuzusteuern.

Der Ruderwettbewerb – Jason und die Männergesellschaft

Nach der tiefen Berührung mit den Urkräften lebensspendender Weiblichkeit in Gestalt Kybeles, scheinen die Männer in kindlich-spielerisch anmutendem Bedürfnis ein Stück innere Distanz zu schaffen. Sie rivalisieren miteinander um die Eigenschaften größtmöglicher Stärke und Ausdauer beim Rudern, als müsste der angeschlagene Traum vollkommener Männlichkeit wieder hergestellt und Erschütterungen durch innere Entwicklungsanstöße abgefangen werden. Ist Übereinstimmung mit dem weiblichen Prinzip schon Unterwerfung, die mit Kastrationsangst und

entsprechenden Kompensationen beantwortet werden muss? Fast mag es so scheinen. Dann kann aber ein Gleichgewicht der Kräfte, können Ausgewogenheit und Harmonie nicht wirklich zustande kommen, weil jene einen Verzicht auf Macht- und Ohnmachtsspiele verlangen. Dieses Wettrudern, naiv anmutend, ist äußerlich betrachtet eigentlich unnötig, weil Herakles von Anfang an als Stärkster anerkannt ist. Die kompensatorische Funktion seines Kraftbeweises äußert sich jedoch darin, dass er bei der Anstrengung, Selbstverständliches zu beweisen, sein Ruder zerbricht. Die Gruppe legt bei einer Insel an und Herakles sucht nach Ersatz. Nun bahnt sich eine andere Form von Beziehungskatastrophe in der Männergesellschaft an, vielleicht gerade, weil das Weibliche in der Objekt- und Subjektbeziehung so demonstrativ ausgeklammert wurde:
Herakles hatte zuvor den König der Dryoper getötet, dessen Sohn Hylas geraubt, und zu seinem Geliebten gemacht. Dieser wollte nun auf der Insel Wasser schöpfen. Seine Schönheit entzückte die Quellnymphe, so dass sie ihn zu sich hinunterzog. Polyphemes, ein älterer Argonaut, hört den Schrei und ruft Herakles, der verzweifelt und wütend durch die Wälder irrt. Die Argonauten segeln bei günstigem Wind weiter. Als sie später das Fehlen der drei Kameraden bemerken, entbrennt ein Streit. Kalais und Zetes, die Söhne des Nordwindes, bestehen auf Weiterfahrt, die anderen auf Umkehr.
Wieder ist Jason unfähig zur Entscheidung, ratlos, wie gelähmt. Telamon ergreift größte Wut angesichts der Initiativelosigkeit Jasons und er macht ihm folgenden massiven Vorwurf: *„Sitz du nur ruhig da, denn es kam dir ja wohl gelegen,*

Herakles zurückzulassen: Von dir stammt der Plan, damit dessen Ruhm den deinen in Hellas nicht verdunkelt, falls es die Götter uns vergönnen, wieder nach Hause zurückzukehren...“ [11]

Was ist Jason für ein Mann und wie ist das Männliche, das er als Anführer stellvertretend für die Gruppe der Argonauten lebt, einzuordnen? Möglicherweise gibt seine Stellung als Einzelkind eine Erklärung für seine zwiespältigen, widersprüchlichen Gefühle und Verhaltensweisen. Als einziges Kind und Sohn in einer patriarchal strukturierten Gesellschaft dürfte er im Licht beständiger mütterlicher Aufmerksamkeit und Zuwendung aufgewachsen sein, weder durch Geschwister noch durch einen offensichtlich unbedeutenden Vater eingeschränkt.

Als positive Konsequenz ermöglichte ihm das die Sicherheit „Mutters liebstes Kind“ zu sein, daraus resultierend die Fähigkeit, gute soziale Kontakte zu entwickeln, vor allem Kameradschaftlichkeit und Akzeptanz in Männergemeinschaften. Dabei ist er in der Lage, Überlegenheit und Stärke anderer anzuerkennen, selbst wenn Telamon ihm diese Fähigkeit abspricht und drängt sich nicht um jeden Preis in die Anführerrolle.

Mit Neid und Rivalität kann er großzügig umgehen, wie es seine versöhnliche Antwort Telamon gegenüber zeigt, als Glaukos, der Prophet des Nereus, mitteilte, dass das Zurücklassen des Herakles’ göttlicher Ratschluss sei. Den Kameraden gegenüber verhält er sich, wenn auch als Anführer gewählt, demokratisch, macht sich sogar als erster an die Arbeit. Apollonius schildert ihn als *primus inter pares*, der unter den Gleichgesinnten Freundschaft und Solidarität lebt und sogar eigene Schwächen und Fehler eingestehen kann. In dieser souveränen Art, mit Irrtümern, Schwächen und Kränkungen im Kontakt mit Männern umzugehen, vertritt Jason ein neues Heldentum, im Kontrast zu den Helden der Ilias, Achilles und Agamemnon, deren kleinliche Unversöhnlichkeit zu größten Schwierigkeiten, zu Leid und Tod führte. Diese positiven Eigenschaften stehen vor allem im ersten Band des Argonautenepos' im Mittelpunkt und zeichnen ein menschliches, nahezu sympathisches Bild eines männlichen, modernen Helden. Er kann auf seinen Wert vertrauen, auf ein Ausspielen von Überlegenheit und Dominanz verzichten, anderen Sieg und Führerrolle zugestehen. Die Kehrseite ist seine Schwierigkeit sich zu entscheiden, was nicht selten in depressiv getönte Initiativelosigkeit mündet. Es scheint ihm offenbar schwerzufallen, sich im Bekenntnis zur Eindeutigkeit mit dem Verzicht auf andere Möglichkeiten abzufinden. So gleicht Jason in diesen Phasen dem berühmten Esel, der angesichts der Unfähigkeit zum Entschluss zwischen zwei Heuhaufen verhungert.

Jasons damit in Verbindung stehendes Hauptproblem ist der Umgang mit dem Weiblichen. Hier wird der freundliche und tolerante ‚Antiheld' zum Frauenheld, der sich seiner attraktiven Ausstrahlung, seiner faszinierenden Wirkung auf Frauen sehr wohl bewusst ist und sich dieser Eigenschaften egozentrisch und zu seinem Vorteil bedient. Es fällt eine erstaunliche Unbewußtheit und Unbekümmertheit auf, die vermutlich an seine Primärgeschichte als Einzelkind anknüpft. In naiv anmutender Selbstverständlichkeit vertraut er in der Begegnung mit dem Weiblichen auf den höheren Eigenwert, als ob seine Präsenz an sich schon so gewinnend sei, dass Frauen sich glücklich preisen müssten, von seinem Glanz, wenn auch kurzzeitig, beleuchtet zu werden. Hierbei ist er jedoch nicht geplant berechnend, sondern es scheint, als fehle ihm die Fähigkeit, Frauen bezogen und einfühlsam wahrzunehmen, auf sie einzugehen, statt ausschließlich die eigene Person bzw. das Männliche egozentrisch zu umkreisen. Dies wiederum wurde ihm in der Kindheit, die ihn zum Mittelpunkt eines Systems machte, offensichtlich nicht abverlangt, so dass sich für ihn nie die Entwicklungsaufgabe stellte, die Prinzenrolle zugunsten einer Verantwortung tragenden Königsrolle aufzugeben. Hier liegen Charme wie Tragik des Jason, an dieser Stelle stellvertretend für viele Männer bis in unsere Zeit: Er erlebt sich dank einer eher verwöhnenden mütterlichen Erziehungshaltung als Zentrum, das zwangsläufig von weiblicher Fürsorge und Versorgung umkreist, bedient und selbstverständlich auch mit Liebe eingedeckt wird. Warum, so fragen wir uns heute, werden ihm diese früh erworbenen Verhaltensmuster plötzlich als Beziehungsmanko angekreidet?

Mütter machen ihre Söhne scheinbar zu Stars, zwingen sie durch Überfürsorge zur Unterwerfung, um so ungehinderter herrschen zu können. Individuell, aber auch kollektiv, denn was anderes machte die „Mutter Kirche“ mit ihren Söhnen? Unterwarfen sich jene der übergeordneten Macht der religiösen Institution, durften sie groß sein. Wenn sie das seitens der Kirche zementierte Weltbild in Frage stellten, sich plötzlich gegen die ‚Mutter‘ auflehnten, die diktierte Rolle nicht mehr spielten, und sich für verantwortungsvolle Individualität entschieden, wurden sie geächtet oder zum Tod verurteilt, wie Kopernikus und Bruno, oder zum Widerruf gezwungen, wie Galilei.

Die Funktionspsychologie[12] gibt für Jasons Persönlichkeitsstruktur eine Erklärung: er ist ein Mensch, dessen egoorientiertes Selbstbild zwar sein Erleben und Handeln bestimmt, es verfälscht jedoch gleichzeitig die Realitätswahrnehmung. Aus dieser Perspektive überhöhen sich Selbst- wie Fremdeinschätzung und damit in Verbindung stehende Ansprüche in illusionärer Weise.

In der Konsequenz bilden sich massive Ängste aus, weil die übersteigerten Ansprüche nicht erfüllt werden können. Damit tut sich zunehmend eine Kluft zwischen Anspruch und Wirklichkeit auf, die in einer wachsenden Spaltung zwischen bewusst und unbewusst ihre Entsprechung findet. Wird das Bewusstsein von narzisstisch anmutender Selbstüberschätzung geprägt, leidet Jason an Selbstzweifeln und depressiven Verstimmungen, die kompensatorisch wieder den überhöhten Anspruch provozieren – der Teufelskreis der Egomanie, auch in unserer Zeit!

Sein Ich und sein Handeln zu reflektieren liegt Jason fern, dazu ist er zu sehr vom Ideal des strahlenden Helden geprägt. Weil sein Ich zu schwach ist, verliert er sich rasch in Illusionen und schätzt reale Gefahren nicht angemessen ein. Dies macht ihn einerseits zum gefährdeten Träumer, andererseits aber auch zu einem Sklaventreiber, der sich selbst in bedenkliche Handlungen hineinkatapultiert. Er will mit Eifer erzwingen, was ihm nicht von selbst zufällt.

Die weiteren Ereignisse, in die die Argonauten auf ihrer gefährlichen Reise verstrickt werden, muten gelegentlich wie reaktive Verhaltensweisen auf psychologische Erkenntnisse an, die das Bewusstsein noch nicht integrieren kann. Als stünde auch das Männerkollektiv der komplizierten und vielschichtigen Persönlichkeit ihres freiwillig gewählten Führers sehr ambivalent gegenüber, folgt auf den Ruderwettkampf und die damit verbundene Bereitschaft, Jason trotz Depressivität und Entschlussunfähigkeit als Führer anzuerkennen, eine Kampfsituation, die wie ein Rückfall in den alten, einseitigen Heldenmythos anmutet.

Der Kampf gegen den Prahler Amykos

Die Argonauten trafen bei einer Rast jenseits der kianischen Bucht auf die wilde Schar der Bebryken und deren König, den Raufbold Amykos. Dieser war ein Sohn Poseidons und verkündete, dass Neuankömmlinge mit ihm boxen müssten. Polydeukes, ein Sohn des Zeus, ging auf die Forderung ein. Nach langem Kampf konnte er dem tödlichen Schlag des Amykos ausweichen und ihm seinerseits die Knochen hinter dessen Ohr zertrümmern, so dass der Angreifer starb. Die daraufhin angreifenden Bebryker wurden durch die Argonauten in die Flucht geschlagen.

Faustkampf ist eine olympische Disziplin, archaischer Beweis von, im wahrsten Sinn, geballter Manneskraft. Dieser Aspekt wird dadurch betont, dass sich zwei Göttersöhne in diesem Kampf gegenüberstehen. Der gezielte Faustschlag hinter das Ohr des Widersachers weist symbolisch auf die notwendige Relativierung und Ergänzung des demonstrativen Tatheldentums der Argonauten hin: Das Ohr, Organ des bezogenen Wahrnehmens, des aufmerksamen Aufnehmens, ist ungleich sensibler als das Auge.

„*Es differenziert sorgfältiger und genauer als unsere übrigen Sinne.*“ [13]
Und: „*Die Sprache bestätigt es. Unser Ohr ist aufnehmend, rezeptiv, passiv, weiblich, unser Auge aussendend, aggressiv, aktiv, männlich.*“ [14]

Somit zeigt sich auch in der Symbolsprache der Sinne das Problem der Einseitigkeit. Soll etwa beim Faustkampf darauf hingewiesen werden, dass gerade die rezeptive Haltung die ‚Achillesferse' des Männlichen ist? Kampfansage an ‚weibliche' Qualitäten, an Sensibilität, Empfindsamkeit und Hingabebereitschaft, die man auch als Teilaspekt der eigenen Persönlichkeit glaubt fürchten zu müssen? Das Ende des Kampfes und der Untergang Amykos' kann als Hinweis verstanden werden, dass der Mensch ohne diese Seite nicht lebensfähig ist, dass Hören, Aufnehmen, Passivität erst die Voraussetzung bildet für aktives Sein. Die nächste Station unterstreicht diese andere Perspektive in ihrer Sinnfälligkeit:

Phineus und die Harpyien

Phineus, der blinde König von Salmydessos, dessen erste Frau eine Schwester der Boreas-Söhne Kalais und Zetes war, wurde von den Harpyien, gefräßigen Vögeln, gequält, weil er seine Weissagekunst missbraucht und in seiner Schwatzhaftigkeit kein Geheimnis für sich behalten hatte. Zur Strafe musste er zusehen, wie die Harpyien ihm sein Essen wegfraßen und Reste beschmutzten, so dass er in Gestank und Elend, halbverhungert die Argonauten um Hilfe anflehte.

Phineus ist ein Vertreter der intuitiven Schau und bildet damit einen Gegenpol zu der von den Argonauten geübten Lebensführung. Weil jener mit diesen außerordentlichen Fähigkeiten nicht angemessen umging, musste er, statt in königlichem Glanz, in Schmutz, Gestank und Elend leben. Versteht man die einzelnen Stationen der beschwerlichen

Reise der Argonauten immer wieder auch als psychische Entwicklungsstationen, weist Phineus auf einen zwar wahrgenommenen, bisher in den kämpferischen Auseinandersetzungen noch zu wenig wertgeschätzten Aspekt hin: Die Sehergabe befasst sich mit den irrationalen Seiten des Lebens.

Bisher waren die Aufgaben der Argonauten von außen betrachtet immer durch mutiges Zupacken zu bewältigen. Phineus zeigt, dass die ahnende Wahrnehmung des Lebens von gleicher Bedeutung ist, dass jedoch auch hierzu Übung und vor allem Maß gehört. Maßlosigkeit, Abgleiten in die Sucht und fehlende Ehrfurcht vor der Gottheit sind Gefahren, die dem Intuitiven ebenso drohen, wie dem Tatmenschen. Phineus zeigt in seiner Person, wie schnell sich Extreme berühren: Er verkörpert (im Gegensatz zu den Argonauten) die Folgen einer überzogenen rezeptiven Haltung und erliegt – wie sie – der auch in dieser Einstellung verborgenen Verführung zur Macht. Indem er mit der Fähigkeit seiner inneren Schau nicht maßvoll umgeht, erlebt er in den unersättlichen Harpyien und deren Gier den Verlust lebenserhaltender Kräfte, für die das Essen steht. Das wenige, was ihm verbleibt, wird durch die Beschmutzung der Harpyien ungenießbar. Diese Vögel haben eine doppelte symbolische Bedeutung: Einerseits sind sie den Erinnyen verwandt und repräsentieren als Rachegöttinnen den negativen Elementarcharakter des Mütterlichen. Gleichzeitig sind sie nach Homer und Hesiod Geschöpfe, die den Sturmwinden nahestehen. Plötzliches Auftreten und windschnelle Bewegung sind ihre Merkmale. Damit stehen sie gleichzeitig auch dem männlich-geistigen Prinzip nahe. Phineus ist somit Opfer des negativen weiblichen, wie männlichen Prinzips. Die Grenzen beider Bereiche hat er in hybrisähnlicher Selbstüberschätzung missachtet. In seiner Blindheit ist er auf die Hilfe anderer angewiesen. Gleichzeitig ist er aber auch innerlich erblindet, weil er seine Seherkraft missbraucht hat. Zwar kennt der Mythos manchen blinden Seher, z.B. Theresias, dessen Schau Ödipus zur Erkenntnis zwang. Doch Phineus kann weder sich noch anderen helfen. Zu sehr ist er in einen demütigenden Überlebenskampf verstrickt. Zur Kompensation dieser in der Rolle des Opfers und der Passivität erstarrten Haltung ist die Aktivität der Argonauten notwendiges Mittel. Kalais und Zetos, die Nordwind-Söhne, verfolgen die gierigen Harpyien und erzwingen das Versprechen, dass Phineus in Zukunft unbehelligt bleibt.

Die Symplegaden

Nach seiner Rettung beschreibt Phineus den Argonauten die weitere Fahrtroute, bleibt aber diesmal der Zeus'schen Warnung, nicht alles auszuplaudern, eingedenk. Die wichtigste Information betrifft die nächste gefahrvolle Station, die Durchquerung einer Meerenge zwischen zwei sich bewegenden Felsen, den Symplegaden. Um sicher zu sein, ob das Schiff gefahrlos passieren könne, sollten sie die Taubenprobe machen. Würde der Vogel zwischen den Felsen zermalmt, bestünde für die Männer keine Chance; sie müssten dann die Rückkehr antreten. Phineus schließt jedoch mit den ermunternden Worten: *„Rettung liegt nicht im Gebet, sondern in der Kraft eurer Hände."*[15] Die Argonauten dürfen sich wieder in ihrer aktiv-zupackenden Handlungsweise bestätigt fühlen. Ihre vitale Kraft ist gefragt und damit spüren sie erneut vertrautes Gebiet unter den Füßen. Zuversichtlich verlassen sie Phineus. Sind sie durch diese Begegnung sehender geworden? Sind sie dem Ganzen ihrer Persönlichkeiten näher gekommen? Konnten sie ahnendes Spüren als sichere und sichernde weitere Wahrnehmungsdimension integrieren? Der Hinweis auf die Taube hat in diesem Zusammenhang nicht nur konkrete Bedeutung. Sie symbolisiert den Lebensgeist, die Seele und gleichzeitig den Übergang von einer Seinsart zur anderen. Tauben sind Tiere der „Großen Mutter", der machtvollen Großen Göttin. In der griechischen Mythologie ist die Taube Ausdruck der Erneuerung des Lebens und ein Attribut des Zeus, der von Tauben genährt wurde. Gleichzeitig ist sie in der gleichen lebensspendenden Symbolkraft der Göttin Athene zugehörig. Auch in der christlichen Mythologie spielt die Taube eine wichtige Rolle, wenn sie, ausgesendet von Noah, neues Leben verheißt und entdeckt. Die Taube, Symboltier des Weiblichen wie des Männlichen, könnte als Hinweis darauf verstanden werden, dass für ein neues harmonisches Leben weibliche und männliche Kräfte zu einem Ganzen vereinigt werden wollen. Wieder bleiben die Argonauten jedoch auf einer äußeren Beziehungsebene stecken. Sie lassen sich lieber von kluger Weiblichkeit helfen, als diese Seite in sich zu entdecken. Diesmal ist es Athene selbst, die sie unterstützt.

Athene ist eine jungfräuliche Göttin, Tochter des Zeus und in voller Rüstung seinem Haupt entsprungen. Sie schützt so unterschiedliche Dinge wie Handwerk, kriegerische Auseinandersetzung aber auch die Künste. Der Musik war sie im besonderen zugewandt und erfand den Aulos. Aber auch den so genannten weiblichen Tätigkeiten war sie ver-

bunden, vor allem dem Spinnen und Weben mit seiner schicksalstiftenden Symbolik.
In vorhellenistischer Zeit wurde sie mit der Göttin Kybele als „Mutter der Berge“ in Verbindung gebracht. In klassischer Zeit zeichnete sie sich vor allem durch Weisheit aus. Sie galt als Vertreterin des klugen Rates, aber auch der List und des technischen Geschicks. Im Zusammenhang damit war sie häufig Schutzgöttin junger oder ungewöhnlicher Männer wie z.B. auch des Odysseus. Sie liebte Mut und Scharfsinn und half bei der Bewältigung schwieriger Aufgaben. Darum hatte sie auch ein Stück des sprechenden Holzes in die Argo eingefügt. Sie, nicht Hera, schützte die Argonauten immer wieder bei ihren gefährlichen Abenteuern.
Als die Symplegaden in Sicht kamen, warfen die Argonauten die Taube in die Luft. Als der Vogel durch die schmale Passage geflogen war, schlugen die Felsen wieder zusammen. Die Taube entkam, nur die Spitzen ihrer Schwanzfedern wurden eingeklemmt. Nun ruderten die Männer mit großer Kraft, doch sie wären trotz aller Anstrengung von den sich erneut schließenden Felsen zerschmettert worden, wenn nicht im letzten Augenblick Athene mit der linken Hand einen Felsen festhaltend der Argo mit der rechten einen Stoß versetzte, so dass das Schiff ins offene Wasser des Schwarzen Meeres hinausschoss. Als die Felsen wieder zusammenstießen, erwischten sie nur noch ein Stück der Heckverzierung.
Athenes tatkräftige, lebensrettende Unterstützung ist vielschichtig zu interpretieren. Bereits mit ihrer Person vertritt sie sowohl dynamische, als auch kontemplative Einstellungen und Verhaltensweisen. Sie ist tatkräftig-kämpferi-

sche Göttin genauso, wie Repräsentantin häuslichen Tuns, das im Weben und Spinnen seinen Niederschlag findet. Weben und Spinnen – Tätigkeiten, die zu den drei Schicksalsgöttinnen gehören, die den Lebensfaden in Händen halten, sind Ausdruck einer gelassenen Haltung, des Einklangs mit sich und dem Geschick – ein Gegensatz zu den gewalttätig zusammenschlagenden Felsen. In der symbolischen Interpretation der Argonautenreise geht es um das Thema Beziehung: Einmal als Frage nach dem inneren Gleichgewicht angesichts unterschiedlicher Strebungen und Einstelllungen, andererseits um den Umgang zwischen Männlichem und Weiblichem.

Die Begegnung mit Medea in Kolchis am Schwarzen Meer, einem Ort, der den Argonauten nach dieser gefahrvollen Passage offen steht, birgt das Gesamt von Bewegung in ihrer Dynamik, aber auch Destruktivität in sich. Insofern erscheinen die Kräfte der aufeinander prallenden Felsen wie ein Vorgriff auf das, was auf Jason auf der Beziehungsebene wartet und sich zum Zustand innerer Ruhe und Harmonie läutern will. Überträgt man das Beziehungsthema männlich-weiblich als spannungsgeladenes kollektives Thema in unsere Zeit, offenbart sich die Destruktivität von Konfliktspannungen.

Sind die aufeinander prallenden Felsen nicht mit den aggressiven und häufig fruchtlosen Auseinandersetzungen einer Kampfehe zu vergleichen, die positive Beziehungsmöglichkeiten vernichten? Sind die Simplegaden ein Bild der Kontaktschwierigkeiten zwischen den Geschlechtern – einerseits ein Auseinanderklaffen ohne Verständigungsmöglichkeiten, auf der anderen Seite Zusammenstöße, die Katastrophen auslösen, vor allem für die zwischen beiden

Partnern im Loyalitätskonflikt zerriebenen Kinder? Es bedarf aber auch hier zumeist eines hilfreichen Impulses von außen in Gestalt einer Reflexionshilfe. Paarkonflikte können auf diese Weise auch von den Betroffenen in heilsamer Distanz betrachtet werden. Ein ‚Athene-Standpunkt' erlaubt den heilsamen Schwung nach vorn. So können neue Gewässer erreicht werden, in denen mehr progressive und gleichzeitig eigenständige Bewegung möglich ist.
Eine mutige Neuorientierung, ein unerwarteter, ‚schlagender' Einsatz von außen, und eine im sinnlosen Wiederholungstun gefangene zerstörerische Familiendynamik kann sich in den Zustand haltgebender Konstanz verwandeln!
Während die Gefährten triumphieren, versinkt Jason erneut in Niedergeschlagenheit, in Lethargie. Vielleicht dringt plötzlich und übermächtig fühlendes Erleben ins Bewusstsein, Erschrecken über die Gefährdung des eigenen Lebens, das häufig erst dann ins Bewusstsein tritt, wenn die akute Gefahr überstanden ist. Ein eindrückliches Beispiel hierfür ist Chamissos Gedicht vom „*Reiter über den Bodensee*".[16]
Vielleicht verbirgt Jasons Rückzug aber auch ein Erahnen seines krankmachenden einseitigen Lebensentwurfs. Depression als Versuch, Wissen und Leiden im Blick auf die Kürze und ständige Bedrohtheit des Lebens gleichzeitig vorwegzunehmen und auszublenden? Depression signalisiert aber auch heilsames Innehalten, den Zwang zur Ruhe, zur Auseinandersetzung mit der eigenen Person, den weggeschobenen Gefühlen. Depression kann schließlich auch verstanden werden als produktiver Zweifel an der glanzvollen Fassade des eigenen Ichs ebenso, wie des umgebenden Kollektivs, als Zäsur, die sagt: „nicht länger so, sondern anders". Weder Jason noch seine Gefährten

begreifen den kompensatorischen Aspekt seiner Niedergeschlagenheit. Sie wird nicht zum Wendepunkt der Lebenseinstellung, sondern lediglich als unverständlicher Störfaktor übergangen oder eliminiert, eine Verhaltensweise, die auch unsere Zeit kennt.

Die Verleugnung des Dunkelaspekts zeigt sich überdeutlich im freudigen Opfer der Argonauten an den Lichtgott Apollon. Apollon ist der Gott der Jugend, der Heilkunst und der Weissagung. Die meisten Seher lernten diese Kunst von ihm. Delphi war ihm heilig. Seine Nähe zu den Musen, sein Leierspiel sind Ausdruck seines lichten Naturells. Orpheus, der leierspielende Sohn des Gottes, war für die Gemeinschaft der Argonauten sehr wichtig, konnte er doch mit seinem Gesang die überaktiven Männer immer wieder beruhigen, ihnen die beschaulichen Seiten des Seins über die Einweihung in Samothrake nahe bringen und sie schließlich vor den Sirenen auf dem Rückweg erretten, indem er mit seinem Gesang den ihren übertönte. Apollon und Orpheus unterstreichen das musische Element. Individuell und kollektiv liegt hier das notwendige Gegengewicht zur protzenden Kraftmeierei, aber auch zu Schwermut, Resignation und Depression. Apollon gilt darüber hinaus als mythische Verkörperung hellenistischen Geistes. Die Ursprünge seines Gottseins finden sich tief in Anatolien. Mit seiner Person ist das Geheimnis der Heilkunst einerseits, aber auch das Phänomen des stillen und unerklärlichen Todes verbunden. Apollons Bedeutung für die Argonauten scheint in dieser Kraft über Leben und Tod begründet zu sein, einem Spannungsfeld, dem die Helden ja ständig ausgeliefert sind, das als Angstquelle jedoch weitgehend geleugnet wird.

Musste darum Apollon so euphorisch gedankt werden, statt der eigentlichen Retterin Athene? Wieder fällt bei der Verarbeitung der dramatischen Situation die Schwäche der Argonauten auf, intuitiv Prioritäten zu setzen, das Eigentliche zu sehen und das Angemessene zu tun. Soll sie das folgende Verlusterleben bewusster machen, erneut eine Chance zur Neueinstellung?

Tod des Sehers und des Steuermanns

Beim Kap Acherusias, nahe der Stelle, an der der Fluß Acheron ins Schwarze Meer mündet, begrüßten seine Bewohner, die Mariandyner unter ihrem König Lykos die Argonauten freudig. Besonders der Faustkämpfer Polydeukes wurde wie ein Gott gefeiert. Die heitere Atmosphäre wird allerdings durch den tragischen Tod zweier Argonauten überschattet. Ein wilder Eber tötet den Seher Idmon, und der Steuermann Tiphys erkrankt plötzlich und stirbt.

Gerade nachdem Apollon in seiner Lichtqualität nach dem letzten Abenteuer im Mittelpunkt heiterer, entspannter Verehrung stand, trifft seinen Sohn Idmon das Geschick des Todes durch genau die wilde archaische Kraft in Tiergestalt, die in der Anbetung Apollons ausgeblendet wird: In vielen Mythologien ist der Eber Ausdruck des Bösen, der Bedrohung und Gefahr. Innerpsychisch mag sich hier der Widerstreit zwischen aktiv-dynamischer Aggression und den intuitiv-sensiblen Seiten zeigen und die Bedrohung in der das hörende Wahrnehmen immer wieder steht, wenn es sich in der Konfrontation mit zupackender Bemächtigung befindet. In der Auseinandersetzung mit dem

Raufbold Amykos wurde jener auf seine Unfähigkeit zu hören schmerzlich hingewiesen. Diesmal betrifft der Verlust die Argonauten selbst. Und dieses Hören- und Verstehensollen wird durch den plötzlichen Tod des Steuermanns Tiphys noch verstärkt. Das Steuer, als äußeres, aber symbolisch auch ein dem Inneren Orientierung gebendes Moment scheint dem Männlichen individuell wie kollektiv zu entgleiten. Ein steuerloses Schiff, ein haltloses Ich, droht zu scheitern. Wieder versinkt Jason angesichts dieser individuellen und kollektiven Bedrohung des Ichs in Mutlosigkeit und Apathie. Er kann die Vorschläge Peleus', die Situation neu zu überdenken, nur resigniert beantworten:

„Sohn des Aiakos, wo sind denn diese Steuermänner? Denn die, die wir früher als kundig rühmten, sind noch niedergeschlagener und betrübter als ich. Deshalb sehe ich für uns dasselbe schlimme Schicksal voraus, wie für die Gestorbenen, wenn es denn wirklich weder möglich sein wird, zur Stadt des schrecklichen Aietes zu gelangen, noch durch die Felsen wieder nach Hellas zurück: Hier an Ort und Stelle wird uns sang und klanglos ein elender Tod ereilen, nachdem wir vergeblich gealtert sind.“ [17]

Trotzdem gelingt es, einen neuen Steuermann in Gestalt des großen Ankaios, Sohn des Poseidon, zu finden und sich mit Hilfe günstiger Winde dem Ziel zu nähern. Die Männer passieren einige Stationen problemlos und wundern sich über fremdartige Sitten und Gebräuche, wobei die Tibarener für die Helden eine wichtige Selbsterkenntnis verkörpern könnten:

„Dort sinken die Männer, sobald die Frauen ihnen Kinder geboren haben, stöhnend zu Bett, den Kopf umwickelt mit Umschlägen; die Frauen aber versorgen die Männer reichlich mit Speise und bereiten ihnen Bäder, wie sie für Wöchnerinnen üblich sind.“ [18]

Verwöhnung durch das Weibliche, Abhängigkeit vom Weiblichen, – das Fremdbeispiel könnte auf künftige psychologische Abläufe hinweisen.

Die Ares-Insel und die stymphalischen Vögel

Mit Hilfe einer offensichtlich neuen, vielleicht sogar ausgewogeneren Steuerungsfähigkeit ihres Schiffes und ihrer selbst, erreichten die Helden die unfruchtbare, dürre Insel des Ares. Dieser ist in der griechischen Mythologie ein verhältnismäßig unbeliebter Gott. Als Vertreter von kriegerischer Gewalt, von Macht und Stärke, ist er als einziger Sohn von Hera und Zeus mit Aphrodite verbunden. Allerdings führten diese beiden so gegensätzlichen Gottheiten keine glückliche ‚Ehe'. Ihre drei Söhne Eros (Liebe), Deimos (Furcht) und Phobos (Grauen) symbolisieren den Hintergrund der Paarbeziehung. Außerdem wurde ihnen noch die Tochter Harmonia geboren – dringend notwendiger Ausgleich im familiären Spannungsfeld. So scheinen Ares und seine Insel nochmals auf die Gegensätze hinzuweisen, die sich als innerpsychisches Problem immer wieder bei den Argonauten zeigen: Härte, Kampf, vordergründige Heldenhaftigkeit und die dadurch beim Gegenüber erzeugte ‚grauenvolle' Angst. Durch den Mechanismus der Projektion kann der Täter das eigene Gefühl der Furcht ausblenden und damit das Gefühl scheinbarer Sicherheit und Unversehrtheit genießen. Projektion verhindert Bewußtwerdung. Harmonische Beziehungen nach außen wie zur eigenen Person werden verhindert. Eros hat keine Chance! Phineus hatte bereits prophezeit, dass, dieser Insel entsprechend, Zwiespältiges auf sie warten würde: Geschenke aus dem Meer und Bedrohung aus der Luft. Die Gefahr aus der Luft stellte sich in Vögeln dar, die mit ihren stahlharten Federn lebensbedrohend waren. Es sind die gleichen Vögel, die Herakles bereits vom Stymphalossee vertrieb. In diesen Vögeln zeigt sich ein Doppeltes: einmal die Einseitigkeit und Erbarmungslosigkeit einer von Kampf und Auseinandersetzung geprägten Lebenseinstellung, zum anderen könnten sie als Hinweis auf die nur sehr vordergründig entwickelte Geistseite der Helden interpretiert werden. Ihr Denken ist intellektgesteuert, häufig oberflächlich und entbehrt der Dimension umfassender Spiritualität. Es ist weder von Wärme und Herzensklugkeit, noch von der Fähigkeit durchzogen, Natur, Kultur und transzendente Bezüge aufzunehmen, es beschränkt sich vielmehr auf rationale *„kluge Überlegungen, die jedoch das gesamtmenschliche Sein nur ungenügend erfassen.“* [19]

Neu ist die Art, wie die Helden mit der sie gefährdenden Dynamik der Vögel umgehen. Sie benutzen das erste Mal eine List, ein Stück Klugheit, statt waffenklirrenden Kampfgetümmels. Sie bilden mit ihren Schilden ein Dach, das sie vor den Verletzungen durch die Vögel schützt. Gleichzeitig erzeugen sie durch das Schlagen der Schwerter gegen die Schilde einen solchen Lärm, – es mutet wie eine Ironisierung ihres sonstigen Gebarens an – dass es ihnen gelingt, die Vögel zu vertreiben, ohne Schaden zu nehmen.

Betrachten wir die kollektive Entwicklung der Helden, so haben sie im Angesicht der Ares-Insel und der sie bedrohenden Dynamik aus der Luft eine neue Dimension in der Auseinandersetzung gewonnen. Sie können sich als Gemeinschaft mit einem listigen Einfall schützen, der ihnen kollektives Überleben ermöglicht. Hier wird ein beeindruckendes Phänomen deutlich, nämlich, dass die Argonauten im gemeinsamen Einsatz immer wieder Großes leisten. Individuell hätte keiner für sich allein etwas gegen die Vögel ausrichten können. Durch den Zusammenschluss ihrer Individuen zu einem großen Ganzen können sie real und symbolisch ein Geborgenheit gebendes Dach schaffen, das nun Überleben garantiert. An diesem Bild wird deutlich, dass die Argonauten in der Lage sind, sich äußerlich mit ihren Kräften zusammenzuschließen und ihre individuellen Möglichkeiten zum Wohl des Ganzen mobilisieren, um Gefahren zu begegnen. Unter dieses Dach passt die Schlagkraft eines Polydeukes, die Sensibilität und musische Begabung eines Orpheus, Weisheit und intuitive Schau eines Mopsos und alles verbindend, der kluge Einfall, sich gemeinsam gegen die Stahlvögel der Ares-Insel behaupten zu können.

Auf dem Weg nach Osten, ins Unbekannte, bot sich den Argonauten die Chance, über Konfrontation, Gefahr und Schmerz weitreichende Perspektiven der Selbsterfahrung zu gewinnen. Im Vordergrund standen dabei ihr Gemeinschaftsgefühl und ihre kollektive Leistungsfähigkeit im Zusammenschluss aller unterschiedlichen Begabungen.

Neue Erfahrungen sind jedoch auch immer als Reifungsanstösse für den Einzelnen zu verstehen, um nicht in einer durch Anlage oder Umwelt bedingten Einseitigkeit stecken zu bleiben. So kann sich der eigene Entwicklungsspielraum erweitern.

In einer Parallele drängen sich die Initiationsriten früherer Zeiten auf, die Einführung in das geschlechtsspezifische Kollektiv, in der das Verhaftetsein in der Tradition des

Männlichen einerseits und das Erwachen individuellen Bewusstseins andererseits zum prägenden Erlebnis wurden. Das Ziel war, sicherer und selbstbewusster mit der eigenen geschlechtlichen Identität umzugehen – Voraussetzung, um der Begegnung mit dem anderen Geschlecht standzuhalten und sich zu verbinden, ohne die Sicherheit eigenen Seins zu verlieren. Die Argonauten erfuhren in ihren gefahrvollen Abenteuern diese Reifungsangebote bis zu einem gewissen Grad.

Eine positive Interpretation äußerer Verlusterlebnisse legt den Schluss nahe, dass in dem Augenblick auf äußere Repräsentanten einzelner Fähigkeiten und Fertigkeiten verzichtet werden kann, wenn die Vielfalt eigener Persönlichkeitsanteile erkannt und sie ins Bewusstsein integriert ist. Loslassen wird selbstverständlich und dann möglich, wenn bereits ein innerer Zugewinn gespürt wird. So ist das Zurücklassen Herakles', des Vertreters einseitiger, überzogener Stärke als möglicher Ausdruck eines maßvolleren Umgangs mit der eigenen vitalen Kraft zu verstehen. Der Verlust des Steuermanns symbolisiert möglicherweise, dass die individuelle Sicherheit, sich in schwierigen Situationen besser zu steuern und gleichzeitig das Ziel im Auge zu behalten, gewachsen ist, so dass auf eine äußere Führung bis zu einem gewissen Grad verzichtet werden kann. Ob auch intuitives Vermögen bereits zu einer sicheren Eigenschaft des Kollektivs geworden ist, so dass der Seher Idmon als Person wirklich überflüssig wird, bleibt offen. Jedenfalls ist Freude, Zuversicht, Glück, aber auch Entmutigung und Verzweiflung, wie sie das Kollektiv erlebt, Hinweis auf einen besseren Zugang zu einer breit gefächerten Dimension intensiven Fühlens. Diese erweiterte Dimension fühlenden Erlebens in ihren positiven und negativen Facetten begleitet jede Initiation – Voraussetzung für eine autonome Lebensgestaltung.

Sinn jeder Initiation ist, dass weise und erfahrene Männer, die Väter, Frauen, die Mütter geworden sind, über geschlechtsspezifisches Wissen verfügen, das erlaubt, eine sichere Rollenidentität weiterzugeben. Für die Initiationsriten stellen sie sich als Psychopompos, als Seelenführer, zur Verfügung. Betrachten wir unter diesem Aspekt die Rolle der begleitenden Götter, so steht zunächst im Mittelpunkt Hera, die große Mutter, die Jason und die Argonauten wie Schachfiguren für ihren Zweck einsetzt, für die Rache einer gekränkten Muttergöttin. Mütter können dann keine Initiation bewirken, wenn sie festhalten statt loszulassen, wenn ihre egoistischen Motive höher stehen, als die Notwendigkeit der Selbstwerdung des Kindes. Beansprucht die Mutter zentrale Wertschätzung, übt sie darüber ihre Allmacht aus, ist der gewährte Schutz immer gepaart mit Abhängigkeit. Bindung wird zunehmend zur Fessel, die echte Autonomie verhindert.

Geschwister, im besonderen Falle ältere Geschwister, als die man Athene und Apollon bezeichnen könnte, geben zwar in der Bewältigung äußerer Fährnisse häufig Hilfestellung, wehren auch – dank ihrer größeren Erfahrung – nicht selten existentielle Gefahren ab. Innere Entwicklung zur reifen Persönlichkeit kann jedoch keine noch so bezogene geschwisterliche Unterstützung bewirken, denn dazu ist der väterliche Mann, der männliche Vater notwendig. Und wo ist dieser? Zeus und Poseidon senden zwar ihre Söhne mit auf die Fahrt, halten sich jedoch, was ihre persönliche Unterstützung anbelangt, zurück. Zeus schickt einmal günstige Winde, den positiven Impulsen vergleichbar. Poseidon hält sich völlig heraus und überlässt in scheinbarer Großzügigkeit, oder vielleicht Unbezogenheit, die Söhne ihrem Schicksal.

Die Argonauten, ein Kollektiv von Söhnen in einer vaterlosen Gesellschaft? Ist ihr Drama, ihre sehnsüchtige Suche und die zentrale Rolle der „Großen Mutter“ als Drahtzieherin nicht vergleichbar dem Sein und Tun vieler junger Männer heute? Es sind Männer, die viel lernen, viel wagen, viel einsetzen. Ihre Prägung erfuhren sie im wesentlichen durch ihre Mütter, deren psychische Realität der einer Hera häufig ähnelt: Diese sind sich ihrer Stärke bewusst, handeln in eigener Regie und sind nicht selten, wie Hera, vom Ehemann enttäuscht.

Der Sohn wird, wie Jason, als Helfer benutzt, ist Ersatz in der Befriedigung frustrierter Bedürfnisse nach Nähe und Beziehung. Dies ist gleichzeitig aber auch ein subtiler Missbrauch, denn die Wertschätzung macht den Sohn abhängig und manipulierbar. So werden kleine Ödipusse groß, die sich stellvertretend für die Mutter am Männlich-Väterlichen rächen müssen und damit ihre eigene Zukunftsperspektive belasten. Es fehlt ihnen die Möglichkeit, sich unabhängig vom Erleben der Mütter mit den Vätern auszusöhnen und positive Identifikation zu wagen.

So bleiben die Söhne unserer Zeit häufig in der Abhängigkeit stecken. Sie gebärden sich zwar äußerlich autonom, bleiben aber an das große Weiblich-Mütterliche gebunden. Der notwendige Ablösungsprozess misslingt, weil die Hilfestellung eines Vaters fehlt. Sie können sich zwar aufgrund der intensiven Erfahrungen mit der Mutter auf das komplizierte Weibliche einstellen, aber unabhängige, partner-

schaftliche, angstfreie Beziehungsfähigkeit lernt man nur an der Hand eines bezogenen Vaters.
Phineus hatte den Argonauten neben der Gefahr, die auf der Ares-Insel auf sie lauerte, auch von einem Geschenk aus dem Meer gesprochen. Mit diesem Seherspruch wird das symbolisch ausgedrückt, was sich als positives Ergebnis der Reise in den Osten, der Initiation in die eigene männliche Wesenheit, abzeichnen sollte: Die Vereinigung innerer Gegensätze, die Erkenntnis der menschlichen Doppelnatur in männlichen und weiblichen Persönlichkeitsanteilen, was auf archetypischer Ebene der Symbolik des luftigen und des wässrigen Elementes entspricht.
Das Geschenk des Meeres stellt sich in den drei Söhnen von Phrixos und Chalkiope dar, die auf der Ares-Insel gestrandet, nun als Schiffbrüchige, aber gleichzeitig auch als Bundesgenossen und Freunde die individuelle und kollektive Perspektive der Argonauten erweitern. Die Argonauten haben sich auf ihrer Reise in den unbekannten Osten durch viele Gefährdungen gekämpft. Sie erlebten die Faszination, die von dem Unbekannten ausgeht, sie stellten sich den damit in Verbindung stehenden Herausforderungen und setzten sich Ängsten aus, die sich angesichts der immer wieder zu beobachtenden Einseitigkeit ihres Reagierens potenzieren mussten. Neuland zu erobern bedeutet gleichzeitig immer Anziehung und unsicheres Zurückweichen, Begeisterung und Zweifel.

Ambivalenz in Beziehungen ist das Thema, das mit der Ankunft in Kolchis zum Leitmotiv Jasons und der Argonauten, aber auch Medeas wird. Das Reich des Aietes war ein Land, in dem ursprüngliche undifferenzierte und triebgesteuerte Kräfte herrschten. Vielleicht symbolisiert sich diese Dynamik in der Tatsache, dass das goldene Vlies im Hain des Ares aufgehängt war. Ares, der Gott des Krieges und der Gewalt, ein Gott, der Beziehungen nicht geduldig entwickelte und gestaltete, sondern der stattdessen versuchte, gewaltsam zu nehmen, wonach ihm gelüstete, oder was er für sein Recht hielt!
Bewacht wird das Vlies von einem Drachen, der nie schläft. Eine archaisch verstandene Männlichkeit steht also in enger Verbindung mit einer ähnlich elementaren Ausdrucksform des Weiblichen, die sich im Symbol des Drachens als eines Abbildes des fressenden negativen, verschlingenden Mutterimago darstellt. Insgesamt ist der Drache primär ein komplexes und universelles Symbol. Er vereinigt als „geflügelte Schlange" in sich Schlange und Vogel als Symbole für Materie und Geist. Erst später wurde er überwiegend unter dem Aspekt des Destruktiven und damit Bösen eingeordnet. Er repräsentiert die archaischen Kräfte, die der Mutter Natur, aber auch dem Unbewussten zugeordnet werden, und die darum dem Bewusstsein so bedrohlich erscheinen. In der Fähigkeit, des Schlafes nicht zu bedürfen, könnte sich der helle Aspekt von Macht und Stärke versinnbildlichen, indem sich selbst der Drache auf diese Weise der Kostbarkeit des goldenen Vlieses bewusst ist. Und dieses Symbol hohen Wertes will Jason zurückge-

winnen, um seine Rechte als König von Jolkos zurück zu erhalten. Das goldene Vlies ist jedoch auch Bild für einen immateriellen Wert, der ihm einen bewussteren Zugang zur eigenen Männlichkeit erschließen könnte. Und folgerichtig ist die Möglichkeit eines äußeren und inneren Zugewinns eng verknüpft mit einer herausragenden Persönlichkeit, mit Medea, der Tochter des Aietes. Sie verfügt als ungewöhnliche Frau über besondere Kräfte. Nur mit ihrer Hilfe kann das Vlies gewonnen werden. Hera, die große Mutter im Hintergrund weiß dies und lenkt die Zufälle. Gemeinsam mit Athene besinnt sie sich auf einen Weg der List, weil Aietes, Sohn des Gottes Helios, als grausamer Herrscher bekannt, wohl kaum freiwillig das Goldene Vlies herausgeben wird.
Die beiden Göttinnen Hera und Athene besuchen Aphrodite und bitten sie, dass jene ihren Sohn Eros überzeugen solle, Medea mit einem seiner Pfeile zu verwunden und ihr so eine heftige Liebe zu Jason einzuflößen. Aphrodite fühlt sich geschmeichelt, dass die beiden großen Göttinnen sie um eine Gunst bitten und verspricht ihr Möglichstes zu tun. Schließlich gelingt es ihr, ihren Sohn zu überreden, indem sie ihn mit einem goldenen Apfel besticht. So fliegt Eros mit seinem Bogen vom Olymp und sucht Medea, um ihr Herz in Liebe zu Jason entbrennen zu lassen.
Was steht hinter diesem Göttinnenkomplott? Hera und Athene, die starken Göttinnen unterstreichen mit ihrem listigen Vorgehen, dass Gewalt als Weg, das Goldene Vlies zu erringen, keine Chance hat. Jason und seine Männer sind den wilden Dunkelkräften eines Aietes, seiner Verschlagenheit und Rücksichtslosigkeit nicht gewachsen. Direkte Konfrontation bedeutete für die Argonauten den

Untergang. Medeas Hilfestellung könnte mit anderen Mitteln zum Sieg führen. Mit ihrem Zugang zu Heilkraft, Zauber und Magie steht sie als Priesterin der Hekate mit den Mächten der Unterwelt in Verbindung: Begabungen und Fähigkeiten, die über rohe Kraft triumphieren könnten. Begegnung und Beziehung zwischen Jason und Medea sind also Mittel zum Zweck.

Hera hat nur ihre Rache an Pelias im Sinn, die Jason ausführen soll. Sie ist es, die an den Fäden zieht, die die Marionetten bewegen. Athene bleibt daneben blass, tatenlos. Ihr liegt Jason am Herzen, aber die kluge, jungfräuliche Göttin weiß keinen Rat, weil sie „in diesen Dingen unerfahren" ist. Es ist der zündende Funke von Verliebtheit und Liebe, der die starke Medea zur Bundesgenossin machen könnte. Dies ist Athene fremd. Dafür wird Eros gebraucht. Jason und die Argonauten begegnen als Vertreter des klassischen Griechenlands mit seiner hohen Geisteskultur den wilden ‚barbaroi' Aietes und Medea in Kolchis am Schwarzen Meer, Repräsentanten archaischer Kräfte und Emotionen in Verbindung mit dem Wissen um heilende Wundermittel und Magie. Die Schönheit der je anderen Welt bildet sich in der vollkommenen Körperlichkeit beider ab. Es sind Gegensätze, wie sie extremer nicht gedacht werden können – eine optimale Ausgangssituation, damit der Pfeil des Eros als zündender Funke ein heißes Feuer entfacht.

Appolonius von Rhodos schildert sehr bildhaft in der ersten Begegnung Medeas mit Jason das Moment der Faszination zwischen beiden: Er, der strahlende Held, gottähnlich erscheinend, sie, die schöne, geheimnisvoll-magische Frau.

Jason muss jedoch erkennen, dass er den Wert, den das Andere in Gestalt Medeas bzw. des Goldenen Vlieses repräsentiert, nicht in der gewohnten Kampfhaltung zu gewinnen ist. Das Faszinierende, Dunkle und Unbekannte des geheimnisvollen Ostens kann nur über eine andere Einstellung erschlossen werden. Es ist die Chance, sich innerpsychisch vorsichtig tastend auch den eigenen unbewussten, konfliktgeladenen Themen zu nähern und sie zu erkennen. Auch ihr Wert erschließt sich nicht über die kämpferische Haltung, sondern über das vorsichtige, fühlende Annähern. Hier dürfte für Jason vor allem sein individuelles Mutterproblem zu bewältigen sein, eine überstarke Bindung, die ihn möglicherweise an der identitätsfördernden Nähe zum Vater hinderte. Er spiegelt mit seinem individuellen Verhalten auch das kollektive Problem der weitgehenden Spaltung einer vom Männlichkeitswahn besessenen patriarchalen Gesellschaft wider:

Es fehlt der harmonische Einklang mit den Kräften des Gemütes, der Zugang zu den sensiblen Seiten, nicht in Augenblicken emotionaler Durchbrüche oder als sporadische Sentimentalität, sondern als selbstverständlicher Persönlichkeitsanteil. Es fehlt aber auch das erkenntnisorientierte Denken, das über den materialistischen Bezug hinauswächst; die Bereitschaft, Klarheit zu schaffen und innere Strukturen zu setzen.

So, wie in Delphi während des Sommers Apollon als Lichtgott, als Vertreter des Logos herrschte, der die Impulse der denkenden Selbsterkenntnis vertrat, so war im gleichen Heiligtum in der Winterzeit Dionysos mit seinen Mänaden und orgiastischen Kulten gegenwärtig. Jener repräsentierte jedoch nicht ausschließlich das zügellose Ausleben von

Triebimpulsen, sondern stand für die Wertschätzung einer echten Emotionalität, die in der Dunkelseite des Menschen ihre Wurzeln hat. Die appolinischen wie die dionysischen Seiten müssen, wenn sie sich zu einem Ganzen vereinigen wollen, gleichermaßen wertgeschätzt und gelebt werden. Diese beiden Seiten müssen, wenn sich das Ziel der Ganzheit erreichen lassen will, verbunden und gelebt werden. Aus dieser Sicht könnten die Aufgaben des Aietes als deren Lohn er das goldene Vlies verheißt, entwicklungsfördernde Bedeutung gewinnen, besonders dann, wenn die Ichidentität in einer ausschließlich rational gesteuerten Aktivität festgefahren ist, so, wie es Jason und seine Argonauten vermitteln. Die Aufgaben des Aietes könnten mit den Seiten bezogenen, warmherzigen Fühlens ebenso vertraut machen, wie mit dem intuitiven Erfassen und Begreifen von konflikthaften Lebenssituationen.

KOLCHIS

Die Aufgaben des Aietes

Die Aufgaben des Aietes heißen: Jason muss zwei feuerspeiende Stiere vor einen Pflug spannen. Danach soll er Drachenzähne in die Erde einsäen und schließlich die daraus erwachsenden erdgeborenen, bewaffneten Männer töten. Um der Vielschichtigkeit der Aufgaben als Impuls zur Selbstentwicklung gerecht zu werden, scheint es wichtig, ihrer Symbolik nachzugehen.

Der Stier wird in der Regel mit dem männlichen Prinzip verbunden, mit der solaren zeugenden Kraft, die allen Himmelsgöttern heilig ist: Fruchtbarkeit, Würde und Macht der Natur. Das Stieropfer spielt in der Mythologie eine wichtige Rolle. Wir begegnen ihm bei der Verehrung von Attis und Mithras, in uralten Neujahrsfeiern, die den Gehalt von Wandlung und Neuwerdung in sich tragen.

Es handelt sich also bei der Bewältigung dieser Aufgabe darum, dass Jason lernen soll, mit den Stieren auch seine eigenen männlich-dynamischen, kraftvollen Fähigkeiten und Möglichkeiten zu zähmen und sie zielorientiert einzusetzen. Dahinter steht die Herausforderung, diese Kräfte der Aggression und Selbstbehauptung im wahrsten Sinn in den Griff zu bekommen, statt sich von ihnen dominieren zu lassen. Durch das Zähmen dieser Kräfte, durch den gezielten Einsatz wird die Gefahr der Entgleisung in Destruktivität gebannt. Stattdessen werden fruchtbare Prozesse angestoßen. Das Attribut der Tiere, ihre feuerspeiende Seite, betont erneut den Doppelaspekt in der Symbolik.

Das Feuer ist ebenso verzehrende, vernichtende Kraft wie läuternde, klärende und wandelnde Macht.

Zusammenfassend unterstreichen beide Stiere nochmals in einer neuen Sprache die Einseitigkeit, die bisher in der Männergesellschaft der Argonauten bestimmend war: nicht eine Einstellung, die Tatkraft in Verbindung mit Einsicht vertritt, sondern polternde Demonstration von Gewalt. Die sich anschließende Aufgabe, in die Ackerfurchen Drachenzähne einzusäen, mutet zunächst etwas seltsam an. Jason, der Held als Bauer? Pflügen und Säen, die Erde bestellen und sie nutzbar machen heißt, die fruchtbaren Gegebenheiten und Wachstumskräfte der Erde wertzuschätzen. Soll sich Jason diesen dienend zur Verfügung stellen?

Die Drachenzähne sind symbolisch dem männlich-solaren Aspekt der Stiere diametral entgegen. Diese Zähne gehörten einer Schlange, die von Kadmos, dem Gründer und König von Theben getötet worden war. Athene hatte sie aufbewahrt und dem König gegeben. Sie sind also das Überbleibsel einer überwundenen Schlange, eines besiegten Drachens und Athene, die Klugheit und Bewusstsein verkörpert, hat sich zu ihrer Hüterin erklärt. Diese Zähne müssen in den Boden versenkt werden, was offenbar als Wandlungsmoment verstanden werden muss. Die Zähne des Drachens sind aber gleichzeitig seine aggressiven, sich bemächtigenden und zermalmenden, letztlich lebensauslöschenden Tendenzen. Sie weisen im Zusammenhang mit der Erde auf den negativen Aspekt der Großen Erdmutter. Damit zeigt sich ein allgemein verbindlicher Anspruch: Zur Neuwerdung des Männlichen gehört, sich in einer Art Regression mit den archaischen

Kräften des Mütterlichen auseinanderzusetzen. In vielen Mythologien wird diese Notwendigkeit betont, sei es im Symbol der Nachtmeerfahrt bei den alten Ägyptern, im Besuch der Unterwelt durch den griechischen Halbgott Herakles, oder bei Faust im Gang zum Reich der Mütter. Diese Aufgabe, sich mit der Erde und ihren archaischen Kräften des Werdens und Vergehens auseinanderzusetzen, wird im dritten Teil der Aufgabe deutlich. Aus diesen Drachenzähnen sollten nämlich bewaffnete Erdgeborene wachsen, die es in einem mutigen Akt der Auseinandersetzung zu bekämpfen und zu besiegen heißt. Die Erdgeborenen, die den Argonauten bereits früher begegneten, müssen auf dem Hintergrund der Wirkkraft der „Großen Mutter" gesehen werden. Als die ihr zugehörigen Diener, sind sie aus ihr geborene und von ihr abhängige Wesen. Wir begegnen ähnlichen Wesen auch in der Märchenwelt in Gestalt der Zwerge, die neben positiven häufig auch negative Züge haben. Und wie in vielen Märchen gelingt die Bewältigung dieser symbolisch zu verstehenden Dunkelmächte nur mit Hilfe eines zauberkundigen Wesens, meist der Tochterhexe, die es wagt, sich mit dem Helden zu verbünden, indem sie bei der Bewältigung der Aufgaben Hilfestellung leistet.

Demgemäß ist Jason und den Argonauten zunehmend klar, dass sie die gestellten Aufgaben nur mit übernatürlicher Hilfe bewältigen können. Sie erkennen, dass die ihnen vertrauten Eigenschaften des gewaltsam zupackenden Handelns dieser vielschichtigen Aufgabe nicht genügen können.

In dieser für das männliche Bewusstsein zunächst nahezu hoffnungslosen Situation, in einer Konfrontation, in der Untergang und Tod drohen, wird eine neue Saite angeschlagen. Medea, bereits durch den Pfeil des Eros getroffen, von Liebe zu Jason erfüllt, beschließt, ihre Möglichkeiten als Zauberin für Jason einzusetzen. Ovid schildert in seinem siebten Buch deutlich, in welchen Zwiespalt die Liebe zu Jason Medea stürzt, wie sie sich auseinandersetzt mit ihrer Rolle als Tochter des Aietes einerseits und ihrer Liebe zu Jason andererseits, die sie zur Verräterin an der Heimat macht:

„Grausam ist wahrlich, wen Jasons Jugend, sein Adel, sein Heldenwesen nicht rühren! Sein Angesicht, selbst wenn das andere fehlte, rührt doch jeden und mich, mich hat es ins Herz getroffen. Helfe ich ihm nicht, so wird ihn das Feuer der Stiere versengen und er stößt mit den Feinden, den Erdgeborenen, zusammen, die er gesät...“ [20]

Um Medea und ihre Handlungsweise besser zu verstehen, muss man ihre Situation und Rolle im Reich ihres Vaters Aietes kennen. Apollonios von Rhodos beschreibt Medeas Position ähnlich derjenigen einer Frau im klassischen (hellenistischen) Griechenland: das Reich des Aietes wird in diesem Kontext als geradezu ‚überspitzte‘ Form des patriarchalen Systems geschildert! Somit ist Medeas Position in Kolchis relativ niedrig: sie und ihre Schwester Chalkiope leben, im Gegensatz zum Herrscherpaar und dem Bruder Apsyrtos, im Dienertrakt. Apollonius schildert Medea jedoch sehr eindrücklich als eine ungewöhnliche Frau, die es wagt, dank ihrer besonderen Begabung einen Beruf zu ergreifen, der ihren intuitiven und geistigen Kräften Raum gibt. Sie wird Heilkundige, weiß Kräuter bei Krankheiten hilfreich einzusetzen. Wir könnten sie heute als Ärztin einer Naturheilpraxis bezeichnen. Gleichzeitig entwickelt sie jedoch auch ihre intuitiven Kräfte, die sie nach außen hin als eine Magierin erscheinen lassen, und schließlich ist sie Priesterin der Hekate, hat also selbst Zugang zu den dunklen Bereichen des Unbewussten, denen sie sich mit ihrer Person und ihrem Wissen zur Verfügung stellt. Sie ist eine starke, sich über den Durchschnitt erhebende Frau mit Kenntnissen über das, was über und unter der Erde ist. In unserer Sprache ist sie somit eine Frau, die Bewusstes und Unbewusstes kennt, die zu unterscheiden, zu trennen aber auch zu verbinden vermag. In dieser Rolle hat sie Sicherheit, Identität und Eigenständigkeit gefunden. So gesehen ist sie eine von jenen heutigen jungen Frauen, die eine ihren Begabungen entsprechende Berufsausbildung genossen haben und sich über ihre Berufstätigkeit mit sich im Einklang wissen. Ab einem bestimmten Punkt stellt sich jedoch vielen erfolgreichen Frauen die Frage, ob dies alles gewesen sei, was ein rundes, ein sinnvolles Leben ausmacht, ob das Erreichte wirklich dem entspricht, was im Weiblichen angelegt ist. Es tauchen Unsicherheiten auf, die letztlich mit der loyalen Bindung an die alte Rolle der Mütter zu tun haben, gelegentlich begleitet von einer nicht wirklich vollzogenen Ablösung.

Wenn das Bewusstsein in klarer, strukturierender und gelegentlich rigider Form dominiert, führen Instinkte und irrationale Empfindungen ein Schattendasein. In Schwellensituationen können sie dann eruptiv durchbrechen, alles Erreichte damit in Frage stellen, gipfelnd in der Sehnsucht, gleichgültig von welchem Mann, schwanger zu werden.

Damit wird wieder angeknüpft an weibliche Urbilder und die Möglichkeit, sich selbst zu erneuern, indem Leben weiter gegeben wird. Die Panik vor dem Älterwerden, vor Tod und Vergessen, scheint durch die Möglichkeit, über Partnerschaft und Kinder zeitüberdauernd zu sein, ein Stück gebannt. Plötzlich verheißt Mutterrolle in der Identifikation mit dem archaischen Bild der „Großen Mutter" ewiges Leben, Sieg über die Vergänglichkeit, Wert und Bedeutung.

So wiederholt sich auch heute immer wieder eine Zwiespältigkeit hinsichtlich der eigenen Identität und Rolle, die sich schon bei Medea zeigt. Die Seite des Bewusstseins, der solaren Klarheit, die sich bei Medea an ihren ‚Sonnenaugen' ablesen lässt und die sie gleichzeitig als Enkelin des Helios kenntlich machen, steht im Widerspruch zu ihrer Sehnsucht nach einer engen Bindung an den Mann, die ihr gleichzeitig Zugang zur eigenen, warmen Emotionalität zu versprechen scheint. Sie hat offensichtlich in ihrer persönlichen Entwicklung einen Punkt erreicht, an dem sich Zweifel ausbreiten am ausschließlichen Sinn ihres bisherigen autonomen Weges, der letztlich ja auch Ausdruck der Identifikation mit dem väterlichen Leitbild ist.

Medea steht an einer Schwelle, an der sich die Frage nach der Komplexität des Weiblichen stellt. Sie ist für Neues offen und das ist möglicherweise in der mythologischen Sprache damit ausgedrückt, dass Eros' Pfeil sie ins Herz trifft. Sie lässt sich emotional berühren in ihrer fühlenden Weiblichkeit. Dadurch wird ihre bisherige Lebensführung in Frage gestellt, in der ein Mann und Partner nie Thema war. Sie beginnt zu zweifeln. Zweifel ermöglichen Änderungen, Verwandlungen. Sie münden jedoch nicht selten in Verzweiflung, weil Erziehung und bisherige Lebensführung auf diese plötzliche Öffnung nicht vorbereitet haben. Das englische „fall in love" spiegelt diese Situation Medeas, in der sie nicht mehr aktiv sein kann, sondern sich ausgeliefert fühlt. Gerade diese Zufälligkeit macht Medea zu einer tragischen Figur. Ihr widerfährt Schicksal. Gerade ihre Offenheit, ihre Bereitschaft zur Reflexion, zur Infragestellung, bringt sie dann in einen schier unlösbaren innerpsychischen Konflikt: Loyale Bindungen an eine patriarchal orientierte Wertewelt, die ihre Einstellung zur weiblichen Rolle prägte, auf der einen, das Bedürfnis, individuell zu fühlen und zu handeln auf der anderen Seite. Angesichts des Systems, aus dem sie kommt, scheint sie sich aber diese Wahlfreiheit nicht zuerkennen zu dürfen. Denn zur sozialen Realität des Patriarchats gehört die offizielle Rechtlosigkeit der Frau.

Wie Stefanie Natzel-Glei in ihrer lesenswerten Dissertation[21] ausführt, ist der Konflikt Medeas damit ein doppelter: Einerseits ein äußerer, weil sie versucht, sich über die gesellschaftliche Struktur, in der sie aufgewachsen ist, und über die öffentliche Meinung hinwegzusetzen, andererseits ein innerer, weil sie dieses System verinnerlicht hat und damit der moralischen Instanz ihres Gewissens ausgeliefert ist, was einer Selbstverurteilung gleichkommt. Medea ist in Ihrer Zwiespältigkeit zwischen verschiedenen Impulsen hin und her gerissen. Hinzu kommt die archetypische Verbindung zur Unterweltsgöttin Hekate. Diese ist nach Hesiod eine Titanin, die sogar von Zeus selbst geehrt wurde. Sie verfügte über Macht im Himmel, auf der Erde und auf dem Meer und brachte ihren Anhängern Reichtum und Sieg. Ihre Attribute als Göttin der Fruchtbarkeit verbanden sie im Ritus eng mit Demeter. Spätere Schriftsteller nach Hesiod betonten vor allem ihre dunklen und magischen Aspekte. So wurde sie zur Schutzpatronin von Zauberinnen und erschien bei Nacht als furchterregende Göttin von Höllenhunden begleitet.

Medea hat als ihre Dienerin Anteil an dieser göttlich-weiblichen Urgewalt. Neben aller Vielschichtigkeit ist Medea im Bericht des Apollonios eine vitale, schöne, junge Frau. Sie tritt den Neuankömmlingen offen gegenüber, ist somit aufgeschlossen für Begegnungen, selbst wenn sie Konflikte auslösen. Sie verliebt sich in Jason und bleibt während der ganzen Beziehung letztlich die Aktive, die die Initiative ergreift, die sich dabei gleichzeitig ihren widerstreitenden intensiven Gefühlen stellt und in Hoffnung und Verzweiflung, in Rat- und Hilflosigkeit und zunehmender Entschlossenheit versucht, frei zu handeln. Die Klärung des eigenen Standpunktes wird für Medea dadurch erschwert, dass Jason in seiner eigenen ihm selbst nicht bewussten Beziehungsproblematik zu echter Gegenliebe nicht in der Lage ist, und Medea in ihm das von ihr projizierte Bild eines gewaltigen Helden liebt, der unter dem Schutz der Götter große Taten vollbringt. Sie lässt sich einnehmen von seiner Schönheit, seinem Charme und versucht, die intuitiv gespürten Schwächen, seine Labilität, seine Unbezogenheit und seinen Opportunismus auszublenden.

Diese Faszination durch ein Bild, das gerade vatergebundene Töchter in sich tragen, ist ein Thema, das heute in seiner Mehrdimensionalität sehr deutlich wird. Die aktive Aufbruchstimmung des Weiblichen trifft auf ein eher passives Sich-treiben-Lassen und eine eingeschränkte Beziehungsfähigkeit des Männlichen. Die jungen Frauen glauben häufig, dass sie durch eine vermehrte Aktivität die jungen Männer zu mehr Entscheidungsbereitschaft motivieren, und damit letztlich zu eindeutiger Beziehungsfähigkeit, um dann enttäuscht feststellen, dass der Prozess einer wechselseitigen, fruchtbaren Begegnung aufgrund der Einseitigkeit in der Interaktion nicht zustande kommt. Das Hemmnis für eine positive und kooperative Entwicklung der Beziehung zwischen den Geschlechtern ist nicht ausschließlich das Problem des Mannes, sondern zu gleichen Teilen das der Frau, die sich zwar scheut, eine alte Rolle zu verlassen, gleichzeitig jedoch Neues für sich in Anspruch nehmen möchte. Die Konsequenz einer Entwicklung nach vorn bedeutet für die Frau, anzuerkennen, dass sie an sich stark ist und darum für die Befriedigung ihrer Wünsche nach Schutz und Geborgenheit selbst sorgen muss.

Aber trotz gehobenen Bildungsniveaus, einer häufig anspruchsvollen Berufsausbildung ist in jüngster Zeit eine Gegenbewegung zu beobachten: Man besinnt sich erneut, vermutlich aufgrund wachsender Ängste und Unsicherheiten, angesichts problematischer beruflicher Perspektiven und Arbeitsmöglichkeiten, auf die tradierte Frauenrolle, orientiert sich zurück und schafft sich über den Aufbau von Familie und Kindern einen Status, selbst wenn er nur eine Scheinsicherheit garantiert. Über eine Machtausübung im „Innenministerium Familie“ verfügen die Frauen über eine relativ risikofreie Möglichkeit, sich sicher zu fühlen. Kinder und Ehemann sind dann erneut die abhängigen Untertanen der modernen Frauen, ähnlich wie es auch früher über Generationen bereits gelebt wurde. Man kann also bei jungen Frauen heute diese beiden widersprüchlichen Tendenzen wahrnehmen: Einerseits der Aufbruch aus der häuslichen Enge in ein Leben, das Freiheit bietet, aber sie auch in der beruflichen Auseinandersetzung fordert, Selbstverantwortung verlangt. Andererseits Rückkehr zu tradierten Rollenbildern, unfrei, jedoch verbrämt von der Möglichkeit umfassender Machtausübung: wer lässt sich besser beherrschen, manipulieren, dominieren, als ein abhängiges Kind, und häufig spielen Ehemänner daheim eine ähnliche Rolle!

Aufbruch oder Rückwärtsorientierung – die moderne Frau im Zwiespalt mit sich selbst. Eindeutigem Verhalten muss immer ein Teil des eigenen Seins geopfert werden, denn „ja" zu etwas, heißt „nein" zu allen anderen Möglichkeiten. Frauen sollten die eigene Stärke bejahen; unabhängig ihr Leben zu gestalten verlangt und bedeutet, auf kindliche Bedürfnisse nach Halt, Sicherheit und Versorgung seitens des Mannes weitgehend zu verzichten. Dieser Zwiespalt ist ein innerpsychisches Problem und nicht Schuld der „bösen Männer", die manipulativ die Frau in eine bestimmte Rolle hineinmanövrieren. Zum Rollenspiel gehören immer zwei Menschen. Es ist aus weiblicher Sicht oft recht bequem, im Mann den Sündenbock für die persönliche Unklarheit, für die eigene Entscheidungsunfähigkeit zu suchen und zu finden. Hier müssen auch Aussagen von Feministinnen kritisch hinterfragt werden, die zwar wichtige Impulse zum Aufbruch gaben, jedoch in einer einseitigen Schuldzuweisung ausschließlich den Mann für die Ambivalenzkonflikte der Frau verantwortlich machten. Der Druck der sich emanzipierenden Weiblichkeit, die jedoch eigentlich zunächst nur ein Ringen um die eigene Bereitschaft war, sich einen Wert zuzuerkennen, erzeugte den Gegendruck des Mannes. Er reagierte auf die Sündenbockprojektion seinerseits mit Entwertungen. Die Weiblichkeit der Frauen wurde in Frage gestellt und damit auch ihr wunder Punkt, nämlich die Angst, als ‚Emanze‘[22], ‚Blaustrumpf‘ oder ‚Hyäne‘ zu erscheinen, getroffen. Versuche einer Neugestaltung der weiblichen Rolle münden nicht selten in einem Anspruch, der der Quadratur des Kreises gleicht: Einerseits ganz weiblich zu sein, ein perfektes Frauenbild in sich zu tragen und zu leben, eine heile Familie mit wohlgeratenen Kindern zu haben, andererseits das ehrgeizige Bestreben, es trotzdem den Männern im Beruf gleich zu tun, sie vielleicht sogar zu übertreffen. So kommt es zunehmend zu einer Überforderung. Die Frau verlangt von sich eine selbstbewusste, emanzipierte Identität im Außen erfolgreich zu leben, jedoch gleichzeitig innerhalb der Familie als makellose Frau und Mutter zu agieren und schließlich auch noch den gängigen Schönheitsidealen zu entsprechen.

So ist die weibliche Rolle inzwischen von einem Selbstanspruch überfrachtet, der immer mehr junge Mädchen in die Protestbewegung führt. Sie antworten zunehmend mit psychosomatischen Krankheitsbildern, wobei die zahlreichen Essstörungen die Problematik besonders sichtbar machen: Der von der Müttergeneration gelebte Überanspruch erscheint unerfüllbar. Viele junge Frauen treten darum symbolisch auf der Stelle und verweigern Weiterentwicklung. Progression und Regression, Weiblichkeitswahn und Emanzipation, Mutterliebe und Machtbedürfnis; es sind Pole, die nur über eine neurotische Scheinlösung zu verknüpfen sind. Und hinzu kommt die jahrhundertealte Tradition der Frau, sich als Opfer zu präsentieren – ist es verwunderlich, dass die vollkommene Verwirrung und Orientierungslosigkeit Angst und Angstkrankheiten weckt? Überrascht es, dass kindlich-anklammerndes Fühlen und Verhalten zunimmt und sich damit gleichzeitig die konservative Haltung des Bewahrens, des Festhaltens am Gewohnten verstärkt? Experimentierfreude, Risikobereitschaft, Mut zum Wagnis, Aufbruch in Neuland erscheinen bedenklich. Gerade diese Einstellungen wären jedoch wichtig, um die Position des Weiblichen auf die Erfordernisse eines ‚Morgen' auszurichten und zwar in der Beziehung zu sich, zur Welt und zum Partner ebenso, wie zu Kindern. Stattdessen macht sich die Haltung von Resignation und Rückzug breit, die versucht, Errungenes ängstlich zu konservieren, um die Illusion einer künftigen Sicherheit aufrecht zu erhalten. Damit verschließen sich jedoch viele Frauen dem Gesetz, dass das Leben ewiger Wandel ist.

Und die Männer, viel zu beschäftigt mit sich, greifen nicht ein. So werden Frauen in der Beziehungsproblematik männlich-weiblich kollektiv schuldig, weil sie die notwendige Veränderung im Rahmen des Beziehungsgefüges weiblich-männlich häufig ängstlich vermeiden und damit den Lebensfluss, eine notwendige Weiterentwicklung blockieren. Variabilität garantiert Entwicklung, die Konstanz als Gegenpol muss der Sicherung des Lebens dienen, darf jedoch nicht als lähmende Erstarrung zum psychischen Tod führen.

Dieses vielschichtige Gefühlsdilemma, das zur modernen Frau passt, ist bereits einer Medea vertraut. Sie durchleidet es in der Nacht vor den Aufgaben, die Jason zu lösen hat, in seiner ganzen Vielschichtigkeit: Hochgefühl wechselt mit Ernüchterung, Stolz und Scham lösen sich wechselseitig ab. Hoffnung einerseits, Zukunftsängste andererseits erfüllen sie. Medeas „*Herz hüpft hierhin und dorthin, wie ein von unruhiger Wasserfläche reflektierter Lichtstrahl.*“[23] Dadurch übernimmt sie – und auch das ist ein aktuelles Thema vieler Frauen heute – die sorgende Verantwortung für das Risiko eines Leistungseinsatzes, die eigentlich der Mann tragen müsste.

Indem sich Medea die zu jedem Wagnis gehörenden Ängste und Gefahren vorstellt, die primär Jasons Problem wären, entlastet sie ihn. Psychologisch ausgedrückt übernimmt sie eine Delegation, wodurch jener von einer Last gefühlsmäßigen Erlebens befreit wird.

Drei Alternativen stehen Medea im Ringen um eine Entscheidung zur Verfügung. Die erste Möglichkeit ist, Jason Hilfestellung zu leisten, indem sie ihm das Zaubermittel gibt, was ihn in die Lage versetzte, die Aufgaben zu lösen. Das bedeutete jedoch in der Konsequenz, sich von der sicheren Heimat zu verabschieden, sich in die Hände eines Fremden zu geben und damit einer unbekannten und für sie kaum einschätzbaren Zukunft entgegenzusehen. Gleichzeitig ist damit ein Verrat am Vater und an der von ihm repräsentierten Gesellschaftsordnung verbunden. Die zweite Möglichkeit, Jason das geheime Mittel für seine Unbesiegbarkeit nicht zu geben hieße, ihn dem sicheren Tod zu überantworten und damit Schuld auf sich zu laden. Die dritte, sich selbst umzubringen, hieße letztlich, sich selbst gegenüber schuldig zu werden.

Damit ist die klassische antike und ebenso moderne Tragödie menschlicher Lebenssituationen skizziert: Es gibt keine Lösung, die Medea angst- und schuldfrei lässt. Es ist ihre Aufgabe, in der Nacht darum zu ringen, sich zum Tragen jener Schuld zu entscheiden, die ihr auf der anderen Seite den größten persönlichen Entwicklungsspielraum geben kann und sie dadurch überhaupt in die Lage versetzt, Schuld zu tragen. Medea erwägt die eine Entscheidung und verwirft sie gleichzeitig wieder. Sie fühlt sich hin- und her gerissen, doch gerade in diesem leidvollen Ringen – einem ambivalenten Prozess – um einen adäquaten Lösungsweg reift sie zu einer eigenständigen Persönlichkeit. Medea wagt es, die Initiative zu ergreifen. Sie wird aktiv, wo sie laut patriarchal geprägter Gesellschaftsstrukturen passiv hätte sein müssen. Sie nimmt in bewusster innerer Auseinandersetzung ihr Schicksal in die Hand, sagt ja zur Hilfestellung und verbindet sich so auf Gedeih und Verderb mit Jason und den Argonauten. Diese und mit ihnen Jason glauben hingegen in narzisstischer Selbstüberschätzung, ihr Schicksal selbst zu lenken. Die Tatsache, dass sie von Medeas Einsatz, ihren magischen Fähigkeiten existentiell abhängig sind, blenden sie selbstgefällig aus.

Ist die Beziehungsrealität damals wie heute überwiegend von Größenfantasien des Männlichen geprägt? Gehen Männer auf Frauen ein? Sind sie von echten Gefühlen erfüllt, oder verbirgt sich hinter dem Reden von schönen Gefühlen Nützlichkeitsdenken? In der Beziehung von Jason und Medea könnte fast ein solcher Eindruck entstehen: Zunächst sieht es so aus, als redeten beide *„vom Hauch der Liebe bewegt“*.[24] Doch Jason besinnt sich sehr rasch auf sein Anliegen und zeigt sich damit letztlich kühl und berechnend: Er setzt Medeas Gefühle als hilfreiches Moment für seine Ziele ein, was einem Missbrauch gleichkommt. *„Er nutzt sie (Medeas Gefühle) aus und zerstört so die Möglichkeit echter Liebe.“*[25] Hierbei ist er in der Lage, vielschichtige Register zu ziehen. Indem er Medea Schüchternheit und mädchenhafte Scheu unterstellt, ihr sozusagen die von ihr bereits überwundene ‚weibliche' Rolle zuschiebt, kann er Heldenhaftigkeit vorspielen. Aus seiner einseitigen, selbstbezogenen Perspektive unterstreicht er die Selbstverständlichkeit ihrer liebevollen Bezogenheit nahezu suggestiv und bindet sie vermehrt durch die Unterstellung, sie könne ihn auch hintergehen. Schließlich verspricht er ihr als Lohn Ruhm und Ehre in Hellas, wohin er zum Dank ihren Namen tragen will. Auf diese Weise spielt er mit ihren Gefühlen, so wie er bisher insgesamt Frauen und ihre Empfindungen nicht ernst genommen hat. Und er vergißt auch nicht, den Einsatz von Ariadne bei Theseus zu erwähnen, um mit dieser Erzählung die Hoffnung bei Medea zu wecken, von Jason geheiratet zu werden, gleichzeitig jedoch mit Hinweis auf Theseus' Undank und Verrat seine eigene Person über die des mythischen Helden zu stellen. In ihrem nächtlichen Ringen hat Medea vielfältige Brüche in ihrer Persönlichkeit erlebt, Kontraste, die sich schwer vereinen lassen, die ihr aber bisher, aufgrund ihrer Rolle als ergebene Tochter weitgehend verborgen geblieben waren. Es waren innere Abenteuer, die an Dramatik in nichts den äußeren der Argonauten nachstanden.

Es bietet sich an, die Stationen der Gefahr und Auseinandersetzung, die die Argonauten auf ihrer Herfahrt in der Welt erlebten und bewältigten, parallel zu setzen mit den Kämpfen, die Medea innerpsychisch in einer Nacht durchstand. Für die Argonauten waren es Bewährungsproben auf dem Weg zur gewandelten männlichen Identität, für Medea war es ein ebenso beschwerlicher innerer Weg, um sich einem neuen weiblichen Rollenverständnis zu stellen.

Wenn die Argonauten über ihre Abenteuer, die sie extravertiert in der Auseinandersetzung suchten, Entwicklungsschritte angeboten bekamen, so hatten sie die männliche Solidarität und Gemeinsamkeit als hilfegebenden Impuls. Damit umgingen sie weitgehend das Problem der Einsamkeit, der Selbstzweifel und einer möglichen Verzweiflung. Lediglich Jason kannte immer wieder Stimmungsschwankungen, erlitt sie jedoch nur, ohne sie konstruktiv zu einer Quelle der Bewußtwerdung und Erkenntnis zu machen. Medea ist in dem Augenblick, als sie sich öffnet und berühren lässt, allein mit sich, mit dem Aufruhr der Gefühle, allein mit der Notwendigkeit, sich zu entscheiden, allein im Kampf mit widerstreitenden Impulsen.
Als erstes landeten die Argonauten auf Lemnos. Damit rückte das Thema der Begegnung mit dem Weiblichen in den Mittelpunkt. Die lemnischen Frauen wagten aufzubegehren, auf ihre Rechte zu pochen und den Männern den Kampf anzusagen. Genau das wagt Medea, wenn sie sich gegen den Vater und seine von ihm diktierte Ordnung wendet. Im Mittelpunkt der zweiten Station stand die Begegnung mit Kyzikos und seiner jungen Frau Kleite. Kyzikos, der König der Dolonier, der ein herkömmliches Bild von Beziehung und Partnerschaft lebte, fiel im Kampf, den er mit Jason im Dunkel der Nacht führte. Seine Frau erlebte sich und ihr Dasein ohne den Mann als sinn- und nutzlos und erhängte sich.
In der griechischen Antike war das Bild des Weiblichen überwiegend das eines minderwertigen und bildungsunfähigen Wesens. Der Antifeminismus, der die Frau verallgemeinernd wie durch eine Fernbrille beobachtet, kommt insbesondere in den späteren theologischen und philoso-

phischen Schriften der Antike zum Ausdruck[26]. Sokrates beschreibt diese Einstellung auf philosophische Art folgendermaßen: Drei Dinge muss man dem Glück verdanken: *„Dass man kein wildes Tier, sondern ein Mensch, ein Grieche und kein Barbar, ein Mann und keine Frau wurde.“* [27]

So bedeuten die ersten beiden Stufen des innerpsychischen Kampfes für Medea, dass sie dieses weitgehend tradierte Bild des Weiblichen und des Männlichen umkehrte und an die Stelle des starken Mannes und einer ihm ergebenen Frau wagte, das Bild einer starken Frau zu setzen, die dem schwächeren Mann hilft, in lebensbedrohlicher Situation unterstützt, in der er ohne weibliche Hilfe unterginge. Vollzog sich der Kampf zwischen Jason und Kyzikos im Dunkel der Nacht und ist damit als Ausdruck einer weitgehend unbewussten Auseinandersetzung zu verstehen, die keinen neuen Entwicklungsschritt brachte, führt die nächtliche Auseinandersetzung Medeas mit ihrem *alter ego* zur schmerzlichen Klarheit eines neuen Bewusstseins.

Die nächste Station der Argonauten, der Faustkampf zwischen Polydeukes und dem Berbrykenkönig Amykos, entspricht Medeas eigenem Hin- und Hergerissensein. Der Zweikampf endet mit der Überwältigung Amykos' durch den tödlichen Schlag über dem Ohr. Medea ihrerseits ist in ihrer inneren Auseinandersetzung zwar offen für düstere Ahnungen, sie hört die innere warnende Stimme, doch sie verschließt ihr inneres Ohr, verschließt sich dem Misstrauen, das sie hinsichtlich der Glaubwürdigkeit des Jason beschleicht. Der Ruderwettkampf der Argonauten, das Rivalisieren um Überlegenheit, auch wenn sie eigentlich bereits klar ist, könnte sich in den gegensätzlichen Empfindungen widerspiegeln, die Medea auch nach ihrer Entscheidung noch beschleichen: Rationales, klares Bewusstsein kämpft mit heftigen Emotionen, konkrete Planung wird durchkreuzt von ahnenden Befürchtungen. Ihr Fühlen wird von ihrem Denken als unvernünftig, das Denken von ihrem Fühlen als kalt und unbezogen verurteilt. Sie ahnt bereits den Beginn eines Verhängnisses angesichts der intuitiv erspürten Unzuverlässigkeit Jasons. Trotzdem fädelt ihre praktisch-handelnde Seite die Hilfestellung ein. Als Folge des Ruderwettkampfs zwischen den Argonauten wird auf der Insel ein wichtiger Wert in Gestalt des Herakles und seiner beiden Begleiter zurückgelassen. Hierin könnte sich offenbaren, dass jede Entscheidung, wenn sie einmal getroffen ist, ein Opfer, einen Verzicht verlangt. Das fällt um so schwerer, je zwiespältiger die Gefühle angesichts einer Entscheidungsnotwendigkeit sind. Es ist immer ein Wert, auf den verzichtet werden muss, der einem wohlmöglich ganz verloren geht. Das ist eine Erkenntnis, die auch Medea in dieser Nacht nicht mehr von sich weisen kann: Die Liebe zu Jason bejahen und ihm helfen, heißt auf der anderen Seite den Verzicht auf Zugehörigkeit, Geborgenheit, Heimat.

Im weiteren Verlauf ihrer Reise begegnen die Argonauten dem blinden Phineus und den unersättlichen Harpyien. Diese äußere Situation mag Medeas drängendem Verlangen entsprechen, von Jason mit vielen Schwüren die Sicherheit einer Ehe versprochen zu bekommen. Sie ist blind für die Realität und verfolgt ihr Ziel in einer Intensität, die sie später als Entwürdigung erlebt, als ob sie, die Enkelin des Helios, sich selbst beschmutzt und letztlich unter Wert verkauft hat. Steht sie, ähnlich wie Phineus, in der Gefahr, ihre seherisch-magischen Begabungen zu missbrauchen? Gilt die Hilfestellung wirklich der Person Jasons, oder steht sie selbst und ihr Wunsch, sich unentbehrlich zu machen, im Mittelpunkt? Heißt die bedenkliche Kurzform ihrer Beziehung dann „geliebt, weil gebraucht"?

Die gefährliche Passage der Symplegaden könnte in seiner existentiellen Bedrohung mit der Gefahr verglichen werden, in die sich Medea begibt, wenn sie Jason hilft und dabei die Entdeckung und den Tod seitens des Vaters riskiert. Medea ist sich dieser Lebensgefahr bewusst, aber sie weiß angesichts ihrer Liebe zu Jason keinen anderen Weg, als diesen Balanceakt zu wagen. Es geht ihr ähnlich wie der Taube und auch der Argo. Sie weiß, sie muss „Federn lassen". Aber welches sind die Federn, die sie lassen muss? Sie verzichtet auf ihre Überlegenheit als Magierin, sie hilft Jason aus der Gefahr und opfert gleichzeitig ihre Autonomie, indem sie die Argonauten als Vormund wählt, sich unter den Schutz von Jason begibt und zur schwachen Frau wird. Sie, die vorher eigenständige Retterin war, wird gemäß patriarchaler Struktur schutzlos, wenn sie die Heimat verlässt und auf die Hilfe der Männer angewiesen ist. Es sind in der symbolischen Sprache und in der Übersetzung die Funktionen des Sehers und des Steuermanns, auf die sie symbolisch verzichtet, wenn sie ihre persönliche Überlegenheit opfert und von einer starken und autonomen Frau zu einer sich unterwerfenden schwachen Begleiterin Jasons wird. Die inneren Auseinandersetzungen Medeas werden von einem Traum begleitet, in dem sie stellvertretend für Jason mühelos die Stiere bezwingt und seine Aufgabe löst.

Im Traum erlebt sie die Auseinandersetzung mit den Eltern, die Frage, ob sie sich von ihnen trennen und Jason als Frau angehören, oder ob sie nicht doch zurückweichen solle. Der Zwiespalt bleibt auch nach dem Traum, lähmt sie, zwingt sie, ein paar Schritte in diese und in jene Richtung zu machen: „*Ich Elende, soll ich mich nun zu diesem oder jenem Übel entschließen? In jeder Hinsicht bin ich ratlos und es gibt keine Hilfe gegen mein Leid, sondern es brennt nur so in einem fort.*“ [28]

In ihrer Verzweiflung und dann wieder durchbrechenden Euphorie, in Hilf- und Mutlosigkeit, die bis zu Selbstmordphantasien reicht, ringt sie sich schließlich zum Bekenntnis ihrer Liebe zu Jason durch und entscheidet sich für den helfenden Einsatz und damit gegen den Vater, gegen die Heimat. Am Ende der Nacht nimmt Medea ihr Schicksal auf sich. Sie weiß, dass ihr Tun, nämlich die Rettung Jasons und das Bekenntnis zu ihm, ein Bleiben in Kolchis unmöglich macht. Sie weiß, dass hinter Jasons Verliebtheit ein gut Teil Berechnung steckt. So wird sie zu einer tragischen Heldin, weniger aufgrund ihrer leidenschaftlichen Liebe, wie Euripides es dargestellt hat, sondern angesichts ihres Mutes zur Autonomie. Das bedeutet, eine Gesellschaftsform zu verlassen, die sie geprägt hat: Sicherheit, Geborgenheit und die damit verbundene individuelle Geschichte. Das Ziel: eine neue unbekannte und risikoreiche Seite ihres Lebens aufzuschlagen. Sie wagt etwas, was in den Augen ihrer Familie, ihrer Umwelt als Verrat, ja als Verbrechen eingestuft wird.

Die Frage der Eindeutigkeit, Bekenntnis zu Identität und Individualität?

Nachdem Jason das Zaubermittel ausgehändigt bekommen hat, das ihm übermenschliche Kräfte schenkt, kann er sich zu einem halbherzig gegebenen Eheversprechen bequemen. Medea ahnt dies und zwingt ihn zum Schwur. Anschließend ist sie kurzzeitig in einer Euphorie, die jedoch sehr rasch von depressiven Verstimmungen und Lethargie abgelöst wird. Ihr Zustand ist dem vergleichbar, der häufig eintritt, wenn man ein Ziel erreicht hat, auf das man mit größter Intensität hingearbeitet hat. Die Tatkraft, die Initiative ist plötzlich nicht mehr notwendig, weil das erreichte Ziel eine weitere Anstrengung überflüssig macht. Es erscheint sinnlos, ja lächerlich, sich weiter in dieser Intensität einzusetzen. Sehr häufig empfindet sich das Ich in dieser Situation wie ein Luftballon, aus dem das Gas langsam entwichen ist. Schrumplig und irgendwie unnütz gleitet das Erleben in eine plötzliche, rational nicht erklärbare Verdüsterung und nicht selten ist die Konsequenz eine Depression.

Gelegentlich kann der Zustand so empfunden werden, als habe man seine Seele verkauft und nun gähnt Leere. Medea hat *„Jason alles preisgegeben: ihre ‚Scheu', ihren Ruf, ihre Eltern, ihre Familie, ihre Heimat, ihre ganze Identität"*.[29]

Medea gibt Jason genaue Anweisungen, wie er sich für die Bewältigung der Aufgaben rüsten kann. Hierbei spielt die dämonische Wirksamkeit der Unterweltgöttin Hekate, deren Dienerin und Repräsentantin Medea in diesem Augenblick ist, eine bedeutende Rolle: Jason muss den Untergang des Sternbilds des Bären abwarten. Der Bär dürfte symbolisch für vitale männliche Kraft, für den Glanz, in den Jason sich bis jetzt gehüllt hat, stehen. Stattdessen muss er nun schwarze Kleider anlegen, um der Unterweltgöttin ein Opfer zu bringen. Dies ist Ausdruck dafür, dass er die Dominanz dieses großen, machtvollen, dunklen Mütterlichen anerkennt. Er unterwirft sich, indem er die Hilfe Medeas annimmt. Es ist jetzt diese geheime Macht des großen Weiblichen, die den weiteren Ablauf bestimmt. Über das Zaubermittel, mit dem Jason seinen Körper und seine Waffen bestreicht, gewinnt er Kräfte, die ihm ermöglichen, die Stiere zu bezwingen, sie vor den Pflug zu spannen und die Furchen zu ziehen. Damit hätte er die Chance, zu erkennen, dass er über die Integration der Dunkelseite des Weiblichen, die auch zu ihm gehört, Kräfte gewinnt, die ihn in die Lage versetzen, mit den wilden Triebimpulsen des Männlichen in Gestalt der feuerspeienden Stiere umzugehen, sie zu zähmen und ihre Stärke nutzbar zu machen. Hier böte sich Jason die Gelegenheit, über eine bewusste Auseinandersetzung mit dem Dunkelaspekt seine Männlichkeit zu einer Ganzheit zu entwickeln. Ein Prozess, der ihm aufgrund seiner einseitigen Erziehung bis jetzt nicht gelungen ist. Er muss sich jedoch, um zu dieser Ganzheit zu finden, der klugen und überlegenen Führung des archaischen Weiblichen anvertrauen.

Es mögen verschiedene Gründe sein, die Jason dazu bewegten, die Informationen Medeas anzunehmen und sich danach zu richten. Er gehorchte zunächst zweifellos der Not angesichts einer realen Bedrohung durch die Unlösbarkeit der Aufgaben. Darüber hinaus ahnt er vielleicht, dass die bisherige ihm zur Verfügung stehende Kraft ebenso, wie sein bisher geübter Umgang mit der Welt nicht ausreichen, um diese komplexen Aufgaben zu lösen. Sich der dunklen Macht zu überlassen bedeutet aber auch, sich mit Bereichen auseinanderzusetzen, die ihn in ihrer elementaren Dynamik zutiefst bedrohen.

Die Erdgeborenen, die aus der Saat der Drachenzähne wachsen und die er besiegen muss, gehören in den Hoheitsbereich der „Großen Mutter“. Sie sind also gleichzeitig auch ein Teil Hekates, des Dunkelaspektes des Weiblichen, mit dem er sich identifizieren musste, um ihn gleichzeitig zu bekämpfen.

Es mag hier ein Gesetz der Homöopathie deutlich werden, dem sich ja auch Medea mit ihrer Heilmittelkunst verschrieben hat, nämlich, dass man Gleiches nur mit Gleichem besiegen kann. Erst wenn der Mensch sich in den Dunkelbereich begibt, hat er auch die Kraft, eben dieses gleiche Dunkle zu überwinden und dem Bewusstsein als Wert anzugliedern. Um die Erdgeborenen dann wirklich zu überwältigen, muss Jason ihnen im wahrsten Sinne einen mächtigen „Stein des Anstoßes“ in die Reihen werfen, so dass sie, aufgeschreckt, über sich selbst herfallen und sich wechselseitig bekämpfen und vernichten. Hören wir Apollonius von Rhodos zu diesem eindrucksvollen Kampf mit den Erdgeborenen[30]:

„Jason aber dachte an den Ratschlag der listenreichen Medea. Er nahm vom Boden einen riesigen runden Stein, das gewaltige Wurfgeschoß des Ares. Vier kräftige Männer hätten ihn wohl kaum ein wenig vom Boden heben können. Den hob er leicht hoch und warf ihn mit Schwung ganz weit fort, mitten unter sie. Er selbst hielt sich geduldig hinter seinem Schild verborgen, vertrauend auf die List. […] Die Erdgeborenen aber sprangen wie schnelle Hunde auf den Stein zu, zerrissen einander unter Gebrüll und fielen unter ihren eigenen

Speeren auf die Erde, ihre Mutter, wie Fichten oder Eichen, die Orkanwinde entwurzeln.“[31]

Immer wieder spielen solche Steine in der Mythologie eine Rolle. In der Regel sollen sie einen Bewusstwerdungsprozess anstoßen, so wie Athene Herakles einen Stein vor die Brust wirft, als er in seinem Wahn Kinder und Frau tötet. Durch diesen Stein kommt er zur Besinnung.[32]

Bewußtwerdung, Besinnung auf sich selbst, die eigene Verwurzelung im mütterlichen Urgrund und die Wahrnehmung eigener dunkler Seiten über die Begegnung mit Medea in ihrer Funktion als Priesterin der dunklen Erdgöttin Hekate, das wäre der entscheidende Anstoß für Jason gewesen.

Jason nimmt nur die helle Seite des Beziehungsangebots seitens Medeas wahr, die Hilfestellung, die ihn, wenn auch nur für kurze Zeit, zu einer unüberwindlichen Licht- und Heldengestalt macht. Er tut es in einer fast naiv anmutenden Selbstverständlichkeit, ähnlich wie er die Fürsorge seiner Mutter, die Beziehungsbereitschaft einer Hypsipyle in Anspruch nahm. Er kommt nicht darauf, mit einer Gegenleistung seine Dankbarkeit, eine emotionale Betroffenheit, ein liebevolles, bezogenes Mitschwingen zu zeigen. So ist Medea in erster Linie Mittel zum Zweck, um das goldene Vlies zu erringen. Erweist sich Medea dafür als nützlich, mag Jason eine Ehe nicht ausschließen. Er bietet ihr damit keine in Freiheit gewachsene Zuneigung an, sondern die Verpflichtung, seine Wünsche zu verwirklichen und damit für ihn liebenswert zu werden.

Nachdem Jason die gestellten Aufgaben erfolgreich bewältigt hat, wittert Aietes Verrat, während Medea in Angst verfällt und sich eine Wiederauflage ihres verzweifelten

Ringens um eine Entscheidung einstellt. Sie versucht erneut mit der Realisierung einer Selbstmordphantasie Zweifel und Ambivalenz zu lösen, jedoch hält Hera sie zurück und verstärkt in ihr den Entschluss zur Flucht. In der bewegend geschilderten Abschiedssituation offenbart sich einerseits nochmals der große emotionale Verlust der Heimat für Medea und darüber hinaus die Gewissheit, dass sie in die rechtlose Verbannung geht, auf Treu und Glauben Jason und seiner Dankbarkeit ausgeliefert. Sie verlässt die Sicherheit und Geborgenheit des Elternhauses, die Zugehörigkeit zur Sippe und damit auch den vordergründigen Schutz, der in der festgelegten weiblichen Rolle ihrer Heimat gegeben war. Sie muss gleichzeitig aber auch lernen, bewusst mit dem Zwiespalt, der sich aus der Bipolarität ihrer Persönlichkeit ergibt, zu leben.

Mit der Seite, in der sie sich abhängig, schwach und auf die Hilfestellung des Männlichen angewiesen fühlt, bittet sie Jason und seine Kameraden, die Vormundschaft für sie zu übernehmen. Gleichzeitig aber ist sie es, die ihnen mit ihrer autonomen Seite, mit ihrem persönlichen Mut und ihren, den Argonauten überlegenen magischen Fähigkeiten zum begehrten Goldenen Vlies verhilft. Diese Seite charakterisiert sie als Frau, die dem herkömmlichen Männlichkeitsbild überlegen ist. Erstaunlicherweise kann sie in aller Verzweiflung und Hilflosigkeit diese, ihre starke Seite, aktivieren und mit der Kraft ihrer Augen, einem gewissermaßen hypnotischen Blick, den Drachen einschläfern, ihn entmachten und damit Jason in die Lage versetzen, das Goldene Vlies zu erringen.

Es geht hierbei jedoch nicht nur um eine äußere Bewältigung des Untiers, sondern Medea wagt, mit ihren Sonnenaugen, d.h. mit ihrer Bewusstheit und mit ihrer dadurch entstandenen Überlegenheit der Dominanz des dunklen Mutterarchetyps entgegenzutreten. So löst sie sich aus ihrer dienenden Rolle gegenüber Hekate, konfrontiert sich in diesem Prozess aber gleichzeitig auch mit ihrem eigenen Dunkelaspekt und nimmt ihn als zu sich gehörig an.

Unwillkürlich wird man an ein populäres Kinderbuch erinnert: Maurice Sendaks, Wo die wilden Kerle wohnen: *„Er [Max] bannte sie [die wilden Kerle] mit seinem Zaubertrick. Er starrte in alle ihre gelben Augen ohne ein einziges Mal zu zwinkern. Da bekamen sie Angst und nannten ihn den wildesten Kerl von allen und machten ihn zum König aller wilden Kerle.“* [33]

Hier wird in einer phantasievollen Szene gezeigt, wie viel Mut es bedarf, sich mit seinen eigenen kraftvollen „wilden Seiten“ auseinanderzusetzen, sich ihnen bewusst zu stellen. Wenn das gelingt und man die damit verbundene Angst überwindet, wird man König, was als Ausdruck eines Zuwachses an Würde und Selbstwert zu verstehen ist.

Medea gelingt es jedoch noch nicht, ihre beiden Seiten zu einer Ganzheit zu verschmelzen. Sie bleiben vielmehr unverbunden nebeneinander bestehen. Auf der einen Seite ist sie die starke, königliche Frau mit den Heliosaugen, die handelt, die sich über Sitte und Konventionen, über normative Zwänge hinwegsetzt und sich nur von ihrem Gefühl und ihrer Erkenntnis leiten lässt. Auf der anderen Seite gibt es eine Medea, die sich angstvoll nach väterlichem Halt, nach männlicher Autorität sehnt, die ob ihrer Heimatlosigkeit verzweifelt und sich dem Schutz der Argonauten anempfiehlt, denen sie eigentlich bei weitem überlegen ist. Selbstbewusste, aktive, aggressive Züge, die wir häufig als ‚männlich‘ bezeichnen, kämpfen mit rezeptiven, unsicheren, sich anpassenden und unterordnenden Empfindungen, die wir üblicherweise als ‚weiblich' bezeichnen.

Medeas größte Angst ist, dass sie nicht ‚weiblich' genug ist, um von den Männern beschützt zu werden. So ist ihre Stärke gleichzeitig Quelle ihrer größten Angst. Ihre Unabhängigkeit und Überlegenheit zwingt sie in eine Einsamkeit, die im Grunde Selbst-Bewusstsein und Selbst-Konzentration symbolisiert. Sie bewertet diese Einsamkeit jedoch nicht als Ausdruck ihrer Stärke und Eigenständigkeit, sondern auf dem Hintergrund ihrer Prägung als Synonym für Verlassenheit. Heilsame Selbstzweifel, die Einsamkeit fruchtbar machen und Impulse für Autonomie geben, werden bei ihr zu kindlicher Verzweiflung und der Gefahr, den Glauben an sich und die Welt zu verlieren.

Aus diesem Gefühl entsteht die Bereitschaft zu überhöhender Idealisierung. Der Mann wird zum ‚Märchenprinzen'. Eigene Stärke, die beunruhigend ist, weil zu wenig weiblich, wird projiziert und schafft den Traummann, an den man sich kompromisslos bindet. So war die Liebe zu Jason für Medea im Grunde *„der Ersatz für den Mangel an Möglichkeiten in der Außenwelt"*.[34] Es ist bei Medea vielleicht tatsächlich ein Mangel an Möglichkeiten, aber sicher auch ein fehlender Mut, zu den eigenen Möglichkeiten zu stehen und Verwirklichungen anzustreben. So vollzieht sich bei ihr eine Rückwärtswendung zur schwachen Frau, die aus sich selbst heraus nichts, in der Liebe zum Partner alles glaubt zu sein. Ovid schildert diesen Prozess der Projektion eigener Stärke sehr überzeugend in seinem siebten Buch[35]:

„Und, gewaltig entfacht, in früherer Stärke emporloht, so die Liebe Medeas: Sie schien schon schwach und erloschen, aber sie lodert frisch

beim Anblick des herrlichen Jünglings. Denn er war wirklich noch schöner als sonst, gerade an jenem Tag [...] Und sie schaut! Wie wenn sie ihn jetzt erst sähe, so hält sie fest die Augen gebannt auf sein Antlitz: Sie kann sich nicht lösen; denn sie vermeint, das Gesicht eines Gottes zu schauen, die Tolle!"

Projektion und Delegation führen zu engen Bindungen, die nicht Ausdruck autonomer Beziehung von Ich zu Du sind, sondern eher symbiotischen Charakter haben und von Verschmelzungsphantasien getragen sind. Diese Wünsche nach totaler Übereinstimmung, das Bedürfnis, sich im anderen hingegeben aufzulösen, entspringen kindlichen Sehnsüchten nach einem Paradies, das mit dem Erwachsenwerden verloren gegangen ist. Im Beharren auf einer Verwirklichung dieser Träume realisiert sich in zunehmendem Maß eine Beziehungskatastrophe, weil das individuelle So-Sein weder beim Partner noch bei sich selbst gesehen und wertgeschätzt wird.

HEIMFAHRT DER ARGONAUTEN

Schuld und Sühne

Das vierte Buch der Argonautika beschreibt äußerlich die zahlreichen Gefahren, die Irrwege auf dem Rückweg nach Griechenland. Innerlich ist es bestimmt von der Unterwerfungshaltung Medeas, ihrem weitgehenden Verzicht auf Stärke und Unabhängigkeit. Diese lange Rückfahrt könnte zwar nach dem Erlöschen der ersten Verliebtheit zum Aufbau einer belastbaren und tragfähigen, partnerschaftlichen Beziehung genutzt werden. Aber sowohl Medea als auch Jason ziehen sich auf alte Rollenmuster zurück: Er, der verwöhnte Sohn, der Wertschätzung heischt, sie, die gebende Tochter. Sie brauchen einander in dieser Konstellation oder meinen es zumindest, um äußere und innere Gefahren, zu bewältigen.

Es erinnert an den Mythos der Königskinder, die nicht zueinander kommen konnten. Der muttergebundene Sohn wird, wenn er den Versuch einer autonomen Bewegung macht, in den Bannkreis der „Großen Mutter“ gesogen; seine demonstrative Autonomie dient lediglich der Abwehr seiner Abhängigkeit. Die vatergebundene Tochter wagt keine eigenständige Bewegung, sondern erwartet vom Mann die Aktion. Gerade weil sie ihre eigene Stärke und ihre eigenen Möglichkeiten nicht einsetzt, ist sie durch ihre Passivität, im Sinne einer falsch verstandenen Haltung der Rezeptivität, tatenlose Mittäterin am Zerbrechen der Beziehung. Die äußeren Stationen, die Schwierigkeiten, den richtigen Weg zurückzufinden, die Verirrung in fremden

Wasserläufen, in der Wüste, im Labyrinth, sind bildhafte Entsprechungen der verwickelten und verworrenen Partnersituation.

Bereits der Start mit dem geraubten Vlies, das Jason wie einen Teppich zusammengerollt unter dem Arm trägt, nicht etwa als Trophäe schwingt, wird zum Beginn von schier unlösbaren Schwierigkeiten. Aietes, ganz rachsüchtiger, machtgieriger Herrscher, verfolgt die Räuber, die er zumindest als solche apostrophiert, indem er gleichzeitig leugnet, dass Jason im Grunde das Vlies durch die Lösung der Aufgaben rechtmäßig gewonnen hat. Aber letztlich verfolgt er nicht so sehr den Räuber des Vlieses, sondern er versucht den Verrat seiner Tochter zu ahnden, mit dem er in patriarchaler Anmaßung nicht gerechnet hat. Beauftragter und Stellvertreter seines Willens ist sein Sohn Apsyrtos, nach den häufigeren Versionen der Berichterstattung, u.a. bei Apollonius, ein erwachsener junger Mann, der die Verfolger befehligt und nach dem Auftrag des Vaters, *„das eigenmächtig handelnde Mädchen“* zurückbringen soll.[36]

„Der Verstoß gegen die gesellschaftlich sanktionierte Unmündigkeit der Frau ist in den Augen des Aietes und der Kolcher ein schlimmeres Verbrechen als der Raub des Vlieses. Deshalb verlangt Aietes auch stets die Auslieferung Medeas, um an ihr grausame Rache zu üben, während er dafür das Vlies ohne weiteres fahren lassen würde.“ [37]

Gemäß des Rates von Phineus versuchen die Argonauten den Verfolgern zu entgehen, indem sie eine andere Route einschlagen. Sie fallen ihnen trotzdem nahezu in die Hände, weil diese sich teilen und den Argonauten den Weg abschneiden. Es kommt zu dem bedrohlichen Vorschlag der Kolcher, Medea dem Schiedsspruch eines rechtlich ge-

medée

sinnten Königs auf der Insel der Artemis zu überlassen, dafür dürften die Argonauten das Vlies behalten. Es geht jetzt konsequenterweise um die Aufrechterhaltung väterlicher Dominanz. Medea soll für ihr eigenmächtiges Handeln bestraft werden. In ihrer flammenden Rede an Jason nimmt sie diesen Schuldspruch, den sie letztlich verinnerlicht hat, auf und weint in Selbstbezichtigung, *„Schande über das Geschlecht der Frauen gebracht zu haben"*.[38]

Gleichzeitig aber macht sie Jason Vorwürfe: sie erinnert ihn an sein Eheversprechen und versucht ihn durch Bitten und Drohungen vom Vorhaben der Argonauten, sie auszuliefern, abzubringen. Jasons Nüchternheit, ja Kälte, lässt die Wertschätzung, die Dankbarkeit Medea gegenüber vermissen. Er zeigt sich erneut als egozentrischer rücksichtsloser Partner, gleichzeitig aber auch als listiger Beschwichtiger. Ob es Furcht ist angesichts der Drohung Medeas, ob es einem schlechten Gewissen entspringt, er versucht zumindest über den Mordplan an Medeas Bruder Apsyrtos eine Lösung anzubieten.

Unter Vorspiegelung einer friedlichen Lösung soll er den Bruder in einen Hinterhalt locken. So wird Absyrtos von Jason hinterlistig erschlagen. Eine andere Version des Brudermordes ist diejenige, in der Medea den noch jungen Bruder Apsyrtos zerstückelt und ihn am Ufer verstreut, um den gehassten und gefürchteten Vater bei der Verfolgung aufzuhalten, indem sie ihn zwingt, die Teile seines Sohnes zusammenzusuchen. Sabine Reichel schreibt dazu[39]:

„Frauen zerstückeln Männer wo sie nur können, auch wenn sie ihr Image als das liebende, gebende Geschlecht bevorzugen. Die Feministinnen haben diese Dualität völlig verdrängt, als sie alte Göttinnen

auskramten, auf ihrem Emanzipationsaltar aufbauten und sie bequemerweise ihrer Doppelbödigkeit und moralischen Ambivalenz beraubten. Der Mythos der Zerstückelung ist uralt und ebenso das Bemühen, die zerstückelten Teile wieder zusammenzusuchen und zusammenzufügen. Das wichtigste Beispiel ist der ägyptische Mythos von Isis und Osiris, in dem die liebende Gattin, diesmal die durch den Schattenbruder Seth zerstückelten Leichenteile des Osiris wieder zusammensetzt.“

Medea beweist in beiden Versionen ein hohes Maß an persönlichem Mut. Mit dem Untergang des Bruders, vor allem im Meuchelmord durch Jason, bricht sie alle Brücken hinter sich ab und verbindet ihr Schicksal ganz mit dem Jasons, obwohl sie ihn bereits in seinen unzuverlässigen und schwachen Seiten erkannt hat. Der Mord, der mit ihrer Billigung geschieht, kommt als objektive Schuld zu den irrealen Schuldgefühlen Medeas hinzu, die sie angesichts ihres Ausbruchs aus der tradierten Rolle in sich trägt. Allerdings hatte Medea im Grunde keine andere Wahl. Auch hier steckt sie im Zwiespalt, zwischen zwei Katastrophen wählen bzw. sich entscheiden zu müssen. Entweder siegte Apsyrtos, dann hätte sie sich dem rachsüchtigen Vater stellen und mit der Todesstrafe rechnen müssen. Ein Sieg der umzingelten Argonauten und damit die Freiheit war nur mit dem Mord an Apsyrtos zu erkaufen. In der schweren Entscheidung zwischen der Schuld gegenüber der Umwelt oder der Schuld gegenüber sich selbst, verliert Medea in jedem Fall ihr subjektives Paradies, nämlich im Einklang mit sich und ihrem Tun zu sein.

Zeus als Göttervater, prinzipiell die objektive Instanz, die Sitte, Recht und Ordnung vertritt – wenn er sie nicht selbst verletzt –, beschließt angesichts der Bluttat die Notwendigkeit der Buße. Zum einen prophezeit er den Argonauten auf der Heimfahrt unzählige Leiden, andererseits verlangt er Entsühnung. Diese soll Kirke, die Tante Medeas im weit entfernten Aiaia, vollziehen. Kirke, eine Schwester des Aietes, ist in ihrer Einstellung dem patriarchalen Muster eng verbunden. Sie zeigt sich erschreckt über den Mord, jedoch mindestens zu gleichen Teilen verstört über die Autonomie, die Eigenmächtigkeit der Medea, die aus den gesellschaftlichen Zwängen der vorgeschriebenen Norm ausgebrochen ist. Ihr Entsetzen findet in einem ahnenden Traum Ausdruck, den sie vor der Ankunft Medeas und Jasons hat: Ihr ganzes Haus scheint von Blut zu triefen und ein Feuer, das ihre Zaubermittel verzehrt, löscht sie mit diesem Blut.

Bedeutsam ist in diesem Zusammenhang ein Phänomen, das auch in psychotherapeutischen Begegnungen immer wieder eine Rolle spielt: Der Therapeut, der die Hilfestellung zur Lösung des inneren Konflikts anbietet, muss über die Identifikation das Tun und Sein des Patienten erleben und erleiden, als ob es das seine ist. Diese „Übertragung“ [40] erlaubt Entlastung und Neuorientierung.

So auch Kirke, die sich in diesem Traum mit der Tat Medeas und Jasons zu identifizieren scheint. Betrachten wir den Traum jedoch genauer, liegt der Akzent der Gefahr auf dem Feuer, das die Zaubermittel Kirkes zu vernichten droht. Der negative Aspekt des Feuers, der zerstörende Gehalt, lässt an die tödliche Dominanz eines Aietes und seines einseitigen patriarchalen Systems denken. Dies gefährdet die magischen Kräfte auch einer Medea, Ausdruck ihrer autonomen Entwicklung. Hätte Medea weiterhin die väterliche Macht als bestimmend anerkannt, hätte das den Verzicht auf ihre eigenständigen Begabungen und Möglichkeiten bedeutet. Dann wäre für sie in der Zukunft nur der Weg offen geblieben, den bereits ihre Schwester Chalkiope gegangen ist, nämlich die Akzeptanz der ausschließlichen Rolle als Frau und Mutter, ein Zurücksinken in die Bedeutungslosigkeit, Objekt männlicher Bedürfnisse. Bedeutet Zaubermittel vor diesem Hintergrund Handlungsfreiheit, Erkenntnis des eigenen individuellen Wertes, den Mut zur Selbstverwirklichung? Aus dieser Sicht ist der Mord am Bruder und die Schuld, die sich daraus ergibt, der Preis, den Medea zahlen muss, wenn sie sich zur Entwicklung ihrer eigenen Persönlichkeit bekennen und darauf ein zukünftiges Leben aufbauen möchte.

Die Frau im Aufbruch wird immer mit einem Schuldspruch der Gesellschaft rechnen müssen, weil ihre Perspektive auf die Zukunft gerichtet ist. Leider ist diese Blickrichtung zunächst stets von eigenen ambivalenten Gefühlen besetzt. Darum ist die Frau auch heute schnell bereit, sich schuldig zu fühlen und damit erpressbar zu werden. Diese Tatsache wird an Medea sichtbar, wenn sie beschämt und schuldbeladen vor ihre Tante tritt. Dieses Bewusstsein ihrer Schuld weicht auch nicht nach den religiösen Riten, die über den Kultus die Befleckung von ihr nehmen sollen: Kirke wählt das Opfer eines Schweines, um Medea und Jason zu entlasten.

Der Bedeutungshintergrund entschlüsselt sich über die Symbolik dieses Tieres: Es ist in vielen alten Kulturen Abbild der Fruchtbarkeit, der fruchtbaren aber gleichzeitig furchtbaren, verschlingenden „Großen Mutter“. Es bedeutet Wohlstand, steht aber gleichzeitig auch für Gefräßigkeit, für Habgier, für Wollust, für ungezügelte Leidenschaften und gelegentlich für das Unreine. Die Entsühnung bedeutet also in diesem Zusammenhang, dass das habgierig ungezügelte, leidenschaftliche, aber auch vitale und nach Autonomie drängende Moment, das laut Kirke Ausdruck der Schuld Medeas ist, zurückgenommen, geopfert werden muss zugunsten einer angepassten, liebevoll-dienenden und unterwürfigen Identität. In seiner Fruchtbarkeit ist das Schwein Repräsentant des positiven, mütterlichen Elementarcharakters. Ist auch dieser Aspekt für Medea verloren, wenn sie mit ihrer Flucht das Wertesystem von Kolchis aufgibt? Medea als Verliererin?

Der Eindruck vertieft sich angesichts der unterschiedlichen Reaktion beider nach der Entsühnung: Während Jason sich offenbar gereinigt fühlt, macht Medea spürbar, dass sie die wahre Schuld als eine moralische erlebt, die nicht einfach abzuwaschen ist. Die Gewissensqualen sucht sie mit den Abwehrmechanismen der Verharmlosung und Verdrängung zu bewältigen, indem sie ihre Tat als Liebesdienst für ihre Schwester und zur Entlastung der Neffen, die von Aietes verdächtigt wurden, erklärt. Kirke reagiert trotz ihrer autonomen Persönlichkeit jedoch ganz im Sinne ihres Bruders Aietes, beschwört die Gewissensqualen Medeas erneut und betont ihre Überzeugung, dass der Ausbruchversuch in die Autonomie in Verbindung mit der Hilfestellung für Jason und seinen Auftrag in ihren Augen die eigentliche Schuld darstellt. Medea, von der gleichen Struktur geprägt, verlässt voll Schmerz weinend und klagend Kirke „*[...] bis Jason, der Held, sie an der Hand nahm und die vor Angst Zitternde aus dem Haus führte*“.[41]

Die schwache Frau erlaubt dem Mann Hilfsbereitschaft und Souveränität. Indem Medea zittert, kann Jason sich sicher fühlen. Braucht der Mann die schwache Frau, um sich auf seine Stärke zu besinnen, verlangt liebevolle männliche Fürsorge weibliche Hilflosigkeit? Arme starke Frauen!

Die Konfliktsituation Medeas gleicht der vieler junger Frauen heute, die ihre Desorientiertheit und Hilflosigkeit in die Scheinlösung der Essstörung treibt. Vor allem die Bulimie ist der Versuch, die eigene Zwiespältigkeit hinsichtlich von Stärke und Schwäche, von Progression und Regression aufzulösen.: „*Die Ambivalenz bulimischer Frauen besteht in dem gleichzeitigen Wunsch und der Angst davor, die eigene Lebendigkeit und Individualität zu entwickeln und mehr auf sich selbst, auf eigene Wünsche und die eigene Entwicklung zu schauen. Mehr als andere Frauen erleben sie aufgrund spezifischer Erfahrungen im familiären Kontext die beiden Bedürfnisse nach Sicherheit, Geborgenheit und Verlässlichkeit einerseits und Recht auf Abgrenzung und eigenes Leben andererseits, als konflikthafte und unvereinbare Gegensätze. […] Es sind Erfahrungen, die ein Weltbild fördern, indem es entweder nur Autonomie oder Verbundenheit, Sicherheit oder Lebendigkeit zu geben scheint. Ein Sowohl-als-auch-Denkmuster bzw. dritte Wege und Möglichkeiten scheinen ausgeschlossen.*“ [42]

Eine eindeutige Entscheidung weckt Ängste und Schuldgefühle. Ein autonomer Schritt wird leider häufig gerade von der Frau selbst mit destruktiver Aggression gleichgesetzt. Es bedarf darum eines Sühneopfers zur psychischen Entlastung. Dies drückt sich im Rahmen der neurotischen Problematik als Symptombildung wie der Ess-Brechsucht aus, die sowohl Lösung als auch Bestrafung und damit letztendlich Sühne ist.

Hera hatte diese schuldbewusste Rückzugshaltung Medeas beobachtet. Ob sie um den Erfolg ihrer Rache fürchtete, zu deren Ausführung sie Medea brauchte, ob sie als autonome Partnerin des Zeus den Rückfall in die Unterwerfung bedauerte, jedenfalls benutzt sie all ihre Möglichkeiten, um das Schiff trotz mancher Widrigkeiten sicher zu den Phäaken zu geleiten.

Sirenen, Skylla und Charybdis: Verführung – Selbstverlust – Depression

Zunächst müssen die Argonauten an der Insel der Sirenen vorbeifahren, die bereits für Odysseus zu einer Quelle der verführerischen Gefahr geworden war. Die Sirenen sind geflügelte Frauen, die die Seefahrer mit ihren Liedern verführen. Wenn sich Schiffe näherten, sangen sie so betörend, dass die Seeleute ihre Heimat vergaßen und willenlos auf der Insel der Sirenen verkamen, die von gebleichten Knochen weiß wurde. Nach Apollodor waren die Sirenen *„[...] nicht nur ein Vokaltrio, sondern ein kleines Instrumentenensemble, wobei zwei die dritte auf Leier und auf der Flöte begleiteten“*.[43] Die Argo konnte unbeschadet an dieser Insel vorbei steuern, weil Orpheus den Gesang der Sirenen mit seiner Leier übertönte. Die musische Seite des Männlichen ist offensichtlich in der Lage, die betörende Gewalt des Verführerisch-Weiblichen zu relativieren, unschädlich zu machen. Eine besonders schwierige Situation wartet nun auf die Argonauten: Sie müssen das Schiff durch Skylla und Charybdis hindurch manövrieren, die berühmte Meerenge, die bereits Odysseus in Lebensgefahr brachte. Skylla ist im Mythos ein fressendes, saugendes Ungeheuer, das jedoch vom Menschen erst wahrgenommen wird, wenn es ihn schon gepackt hat und es für eine Rettung zu spät ist.

Charybdis auf der anderen Seite, ist der verschlingende Todesschlund, in den man abstürzt. Auch hier ist eine Rettung kaum möglich. Diese beiden nahe beieinander wohnenden extremen Bedrohungen interpretiert Ingeborg Clarus [44] als Synonyme für eine fressende, saugende archetypische Mutterinstanz einerseits (Skylla), auf der anderen Seite als den verschlingenden namenlosen Abgrund der Depression (Charybdis). Dieser Bedrohung, die die gesamte Gefahr einer unbewussten Mutterproblematik umfasst, versucht Hera dadurch zu begegnen, dass sie Iris als ihre Botin aussendet, um einerseits Thetis, die Göttin des Meeres und Mutter des Achilles, andererseits Hephaistos, den Feuer und Erze schmiedenden Gott, sowie Aiolos, den Beherrscher der Winde, zu erreichen.

Thetis wird von Hera umschmeichelt, indem ihr als Zukunftsperspektive die olympische Hochzeit Medeas mit ihrem Sohn Achilles versprochen wird. Gleichzeitig wird sie jedoch auch in ihrer Person und Eigenständigkeit gelobt, da sie sich als einzige unter den vielen Frauen dem Werben Zeus' verweigert habe. Thetis fühlt sich durch die Wertschätzung der großen Göttin bestätigt und anerkannt und verspricht ihr, mit Hilfe der Nereiden das Schiff sicher durch Skylla und Charybdis zu geleiten. Allerdings erbittet sie als Voraussetzung ihrer Hilfe, dass Hephaistos sein göttliches Feuer einstellen solle und die heftigen Winde sich legen müssten.

Psychologisch geht es darum, diesen destruktiven Muttergewalten mit einer bewussten Ich-Kraft standzuhalten. Gleichzeitig wird offenbar, dass die Ich-Kräfte, die Jason und seine Argonauten, aber auch Medea besitzen, noch nicht ausreichen, um diese Bedrohung sicher zu überstehen. Es bedarf eines positiven Mutteraspektes, um in schutzgebender Funktion ein Gegenmoment zu schaffen. Aber nicht nur das. Der bedrohlichen und gefährlichen Macht des Männlichen, symbolisiert im Feuer des Hephaistos, soll ebenso Einhalt geboten werden, wie dem Übermaß an gefährlichen Winden. Welche göttlichen Kräfte sind es, die hier der schwachen Ich-Kraft des Männlichen wie des Weiblichen, des Jason wie der Medea, zu Hilfe kommen?

Thetis ist eine Tochter des Nereus und der Doris. Obwohl sie nur eine niedere Meergöttin ist, spielt sie in vielen Mythen eine bedeutsame Rolle. Auf eine wichtige Haltung der Festigkeit und der Abgrenzung gegenüber Zeus spielte Hera bereits an. Thetis war mit Peleus, einem der Argonauten, verheiratet. Sie ist eine Vertreterin des wässrigen Prinzips und sollte später mit ihren Schwestern, den Nereiden, das Schiff sicher durch die Meerenge geleiten. Gleichzeitig spielt Hephaistos, der Gott des Feuers und der Schmiedearbeit eine Rolle. Hephaistos soll seine Esse stilllegen, um nicht durch seine feurigen Kräfte Unruhe zu schaffen. Hephaistos ist einziger Sohn von Zeus und Hera. Da er jedoch lahm war, warf Hera ihn voller Widerwillen vom Himmel herab ins Meer. Dort rettete ihn Thetis und sorgte in einer Höhle im Meer für ihn, ohne dass Hera oder die anderen Götter etwas davon wussten.

Hephaistos schürt nach dem Mythos seine gewaltigen Feuer im Ätna und wirkt dort als begnadeter Künstler und Goldschmied. Es gibt viele Sagen, in denen von seiner Kunstfertigkeit berichtet wird. Mit ihm wird das Element des Feuers, die kunstvolle Bearbeitung von Metall mit Hilfe dieser dynamischen Kraft in den Mittelpunkt gerückt. Diese positive archetypisch-männliche Seite in Gestalt des machtvollen Gottes, aber auch des zum männlichen Bereich gehörenden Aiolos, der günstige Winde schickt, brauchen die Argonauten, um die Meerenge zu durchqueren. Während Hephaistos seine Esse einstellt und ein freundlicher Westwind weht, kann sich der positive Aspekt des Archetypisch-Weiblichen entfalten. Thetis und die Nereiden unterstützen die Fahrt der Argo, indem sich die Göttinnen das Schiff wie einen Spielball hin und her werfen.

„*Wie Mädchen am sandigen Meeresstrand, das Gewand zweimal um die Hüfte geschlungen, sich mit einem runden Ball vergnügend, den sie, eine nach der anderen, fangen und hoch in die Luft werfen, wobei er niemals den Boden berührt: So warfen sich die Nereiden das fahrende Schiff über den Wogen durch die Luft abwechselnd zu, immer mit Abstand von den Felsen; rings um sie kochte sprudelnd das Wasser. Ihnen sah der Herrscher Hephaistos persönlich zu, aufrecht stehend auf der Spitze der schroffen Klippe, seinen wuchtigen Körper gestützt auf den Stiel seines Hammers; hoch über dem strahlenden Himmel stand die Gattin des Zeus und schlang ihre Arme um Athene, solche Furcht hatte sie bei dem Anblick ergriffen.*“ [45]

Vergleicht man die weibliche, göttlich überhöhte Haltung einer Thetis und ihrer Nereiden mit der Medeas, so ist diese zunehmend ernst, düster und tragisch geworden. Es fehlt ihr vollkommen das Element der Leichtigkeit, des Spiels, des lockeren Umgangs mit den eigenen Wünschen und Bedürfnissen aber auch mit dem Gegenüber, mit dem Männlichen. Das Verweilen im Augenblick, das lustvolle Erleben der Zeitlosigkeit ohne über das Gestern und Morgen zu grübeln, sich dahintreiben zu lassen vom Strom des Geschehens, das alles wird in der Haltung der Nereiden sichtbar und mag im Blick auf Medea deren Rollenkonfusion verdeutlichen.

Blickt man zurück auf ihre Kindheitserfahrungen, so ist anzunehmen, dass der Ernst, die Zielorientiertheit, die sie auch zur Priesterin einer Hekate machte, begründet war in der einseitigen, vom Väterlichen bestimmten Wertewelt.
Die Mutter Medeas wird nur am Rande als Gemahlin des Aietes erwähnt. Ihrer Person und ihrer Funktion kommt offensichtlich keine entscheidende Bedeutung zu. So war dem Ernst des Aietes, der bis zur Härte und Grausamkeit führte, kein ausgleichendes Element zugeordnet, so wie wir es umgekehrt in den berühmten Versen Goethes kennen: „*Vom Vater hab ich die Statur, des Lebens ernstes Führen, vom Mütterlein die Frohnatur und Lust zum Fabulieren*".[46] Goethe unterstreicht mit diesen Worten die Notwendigkeit des heiteren, spielerischen Elementes, das nicht nur väterlichen Ernst kompensiert, sondern die Bewältigung der Schwierigkeiten des Lebens erleichtert.
Das unbekümmerte Tun der Nereiden ist nicht Abbild von Leichtfertigkeit, sondern einer Leichtigkeit des Seins, die auch die problematischen Seiten des Lebens wahrnimmt; ähnlich wie Thetis sehr wohl bedenkt, dass sie die Voraussetzungen für dieses Spiel erst dadurch schafft, dass das Übermaß des Männlichen in seiner energiegeladenen Durchschlagskraft, in Gestalt des Hephaistos und seiner feurigen Esse, ebenso, wie die Allmacht der Winde, als Symbol für geistige Dominanz, zur Ruhe kommen muss. In der Beobachtung durch die Götter zeigt sich nochmals eine interessante Spannung, die möglicherweise auch Rückschlüsse auf die Beziehung Medea - Jason zulässt. Das Männliche in Gestalt des Hephaistos blickt ruhig auf das Geschehen, während sich die machtvolle Hera in Angst und Unsicherheit an Athene klammert. Das Weib-

liche bisher stark und bestimmend – es war schließlich Hera, die den Argonautenzug initiiert hat – erscheint zum jetzigen Zeitpunkt angstgeschüttelt, hilflos und schwach, wohingegen das Männliche sich in Gelassenheit seiner eigenen Stärke bewusst zu sein scheint.

Es gilt, diese beiden menschliche Haltungen, die jede für sich ein Extrem darstellen und die doch zusammengehören, zu verbinden: Die selbstbewusste Kraft, die gelassen abwartet und die angstvolle Anspannung, die eingreifen möchte und nicht wagt, zu handeln. Auch zwischen diesen beiden Seiten, wenn wir sie als innerpsychische Gegebenheiten verstehen, muss man sich in positiver Kompromissbereitschaft hindurch lavieren. Das Ziel ist, sowohl die individuelle Persönlichkeit selbstbewusst zur Geltung zu bringen, als auch die Realität der Umwelt in ihren angstmachenden Faktoren mit einzubeziehen. Die Nereiden lehren, sich der spielerischen Eigenbewegung zu überlassen, d.h. sich dem Unbewussten anzuvertrauen und trotzdem den eigenen Kurs zu halten, so wie es Thetis mit einem erstaunlichen Selbstbewusstsein und einer daraus resultierenden Leichtigkeit gelingt.

Angstfrei spielen, spielerisch Ängste bewältigen – ein aktuelles Thema in unserer Zeit! Sich dem Fluss des Lebens zu überlassen, jeden Augenblick ganz bewusst zu leben und sich weder durch Vorwürfe über die Versäumnisse der Vergangenheit noch durch düstere Zukunftsvisionen aus dem Takt des Lebens bringen zu lassen, das könnte Aufforderung an Medea, als einer Repräsentantin auch unseres Menschseins heute, sein.

Als persönliche Entwicklungsaufgabe bedeutet es, sich sowohl von väterlicher wie mütterlicher Dominanz zu befreien und den Schritt zum Ich-Selbst zu machen. Den Blick auf das Jetzt, die Gegenwart, zu richten, heißt, sich selbst wahrzunehmen. Es ist eine Frage des Selbstwertes, spielen zu können und in dieser Leichtigkeit, die keine Oberflächlichkeit ist, eine Antwort auf den tödlichen Ernst des Lebens zu finden.

Das Durchqueren der Meerenge gleicht einer Wegsuche im Angesicht bedrohlich überbordender Männlichkeit ebenso, wie destruktiv verschlingender Weiblichkeit. Das harmonische Wechselspiel der Naturgewalten wäre ein Äquivalent zu der inneren Harmonie, die in einem solchen Prozess gefunden werden kann. Im Beziehungskontext wäre das Resultat eine gleichwertige Partnerschaft, die auf zerstörerische Machtkämpfe verzichtet. Übersteigerte Aktivität, rastloses Vorwärtsstreben führt lediglich zu Egomanie und Sucht.

Das andere Extrem – ausschließlich rezeptiv, überangepasst zu sein – mündet in Unfreiheit, den Zwang zum Altruismus, zum Helfen und Heilen. Beide Seiten in sich persönlich und in der Partnerbeziehung zu einem harmonischen Ausgleich zu führen, wäre Garant für eine lebbare Gemeinschaft zwischen Mann und Frau.

Die Beziehungsdynamik zwischen Thetis und Hephaisthos drückt einen solchen lebensnahen Spannungsbogen aus, und könnte auch ein Vorbild für Jason und Medea sein. Aktive und rezeptive Einstellungen können letztlich vom Männlichen, wie vom Weiblichen gelebt werden. Wichtig bleibt, dass beide Haltungen zu einem lebendigen und fruchtbaren Austausch führen: gegenüber, nicht gegeneinander; verbunden, aber nicht symbiotisch verschlungen. Die Bewältigung der gefährlichen Meerenge stünde so stellvertretend für den Gewinn psychischen Gleichgewichtes, eines entkrampften und angstfreien Durchquerens von Höhen und Tiefen.

Die Phäaken
– Beziehung als Wagnis

Die nächste, nach vielen Mühen erreichte Station der Reise sind die Phäaken mit ihrem Herrscherpaar Alkinoos und Arete. Dieses Paar scheint die eben beschriebene Harmonie in Gleichwertigkeit zu leben. Alkinoos ist ein relativ bewusster und aktiver Herrscher, der sich ein salomonisches Urteil leisten kann; seine Frau Arete zeigt sich als warmherzige, pragmatisch-gescheite Person, die mit „gesundem Menschenverstand" entscheidet. Das Herrscherpaar steht in einem auffallenden Gegensatz zu Medeas Eltern. War Aietes ein machtbesessener autoritärer, ja grausamer Mann, der sogar zu Gewalttätigkeit und Wortbruch neigte, brauchte er zum Ausgleich die ebenso extreme rezeptive Haltung einer Partnerin, die geschützt, aber unbedeutend im Schatten seiner Männlichkeit lebt und kein eigenes Profil entwickelt.

Medea ihrerseits konnte offensichtlich eine ähnliche Sicherheit, die sich des eigenen Wertes bewusst ist, nicht entwickeln. Weil sich Arete als gleichwertige Partnerin ihres Mannes fühlt, können beide gemeinsam zu Lösungen in Konfliktsituationen gelangen, die jeder für sich allein nicht bewältigen würde. Die Insel der Phäaken ist so Symbol eines inneren harmonischen Ausgleichs im Spannungsfeld von einseitig männlichen wie weiblichen Haltungen und Einstellungen, von aktiven und passiven Strebungen.

Hier werden Medea und Jason aber auch erneut von den Verfolgern erreicht, die ihrerseits die Auslieferung Medeas fordern, um sie der „gerechten Strafe“ des Aietes zuzuführen.

Damit scheint der Traum von der inneren Entwicklung zu Autonomie, zu Eigenständigkeit, zu selbstbewusster Identität zu Ende. Es würden aber auch die Eigenschaften, die Medea bisher in sich entfaltet und die Arete in ruhiger Selbstverständnis lebt, verkommen: Klugheit, Mut zu neuen Wegen, innere Unabhängigkeit, intuitives Handeln und die Möglichkeit, ihre über Aretes Fähigkeiten hinausgehenden, besonderen medizinisch-magischen Begabungen sinnvoll und konstruktiv einzusetzen.

In dieser Notsituation, der äußeren wie der inneren, vertraut sich Medea dem lebenstüchtigen Schutz von Arete an, die in ihrer klugen Einschätzung der Wirklichkeit sowohl Selbstbewusstsein und eigenes Wertverständnis entwickelt hat, als auch Männliches liebevoll akzeptieren kann. Mit diesem Schritt wagt es Medea, auf weibliche Solidarität zu setzen, ein für sie offensichtlich ganz neuer Akt des Vertrauens, denn weder zu ihrer Mutter noch zu ihrer Schwester war soviel Nähe möglich. Damit ergreift das Weibliche die Initiative. Solidarische Beziehungsfähigkeit des Weiblichen in Akzeptanz und Wertschätzung kann als Frauenbund in der Welt oft mehr bewegen, als säbelrasselnde männliche Aktivität. Arete enttäuscht das Vertrauen der Hilfesuchenden nicht. Ohne eine wertende oder verurteilende Haltung einzunehmen, verspricht sie Hilfe und es gelingt ihr, in geschicktem Einsatz von ‚weiblichen‘ Mitteln und logischer Argumentation (sie erzählt Geschichten von ungerechten Vätern, welche ihre Töchter plagen) Alkinoos selbst dazu zu bewegen, einen rettenden Einfall zu haben. Apollonios lässt Arete so schließen:

„Sie hat gefrevelt, als sie ihm anfangs das Zaubermittel gegen die Stiere gab. Danach ist sie – sie wollte dem Übel durch ein Übel abhelfen, wie wir es in unserer Verblendung oft tun – vor dem schweren Zorn ihres gewalttätigen Vaters geflohen. Jason aber hat sich, wie ich höre, damals mit starken Eiden verpflichtet, sie zu Hause zu seiner rechtmäßigen Gattin zu machen. Deshalb Liebster, bringe den Aisoniden nicht durch deinen Entschluss dazu, meineidig zu werden und lasse es nicht durch deine Schuld dazu kommen, dass der Vater sein Kind in seinem Groll tötet. Denn allzu sehr schaden Eltern im Zorn ihren Kindern".

Diese von innerem Mut und klarer Erkenntnis geprägten Worte Aretes bewegen Alkinoos und er beschließt, sich folgendermaßen aus der schwierigen Situation zu retten:

„Ich setze fest, dass sie, solange sie noch Jungfrau ist, zu ihrem Vater zurückgeschickt werden soll. Wenn sie aber das Lager mit einem Mann geteilt hat, werde ich sie nicht von ihrem Gatten trennen und auch das Kind, das sie vielleicht unter dem Herzen trägt, nicht den Feinden ausliefern."[47]

Guten Gewissens schläft Alkinoos danach ein und überlässt Arete das Handeln. Diese übermittelt Jason den Entschluss ihres Mannes und nun werden in aller Eile die Hochzeitsvorbereitungen getroffen. Dabei fällt auf, dass die Verbindung, von Medea einst ersehnt, jetzt trotz aller festlichen Stimmung mehr einer Hochzeit aufgrund rationaler Erwägungen einer Überlebenstrategie gleicht, als einem freiwilligen Eingehen einer bindenden Beziehung.

Die Heirat mit Jason ist nicht ein in innerer Unabhängigkeit geschlossener Bund, um in ergänzender Gemeinsamkeit einen Entwicklungsweg zu wählen, sondern gleicht

den Vernunftehen des Patriarchats, die der Lebenssicherung dienten.
Es war damals ein gemeinsamer Abhängigkeitsvertrag zwischen den Geschlechtern, der die Garantie einer wechselseitigen Versorgung in sich trug, eine Übereinkunft, jeweilige Bedürfnisse zu befriedigen und damit Sicherheit und Geborgenheit zu gewährleisten, sowohl für den Mann, als auch für die Frau. Damit fehlte das Moment der Freiheit in Ehe und Beziehung. In dem wechselseitigen Abhängigkeitssystem wird jedoch bis heute dem Weiblichen die größere Last der Anpassung und Unterordnung auferlegt. Darum werden Mädchen auch autoritärer als Jungen erzogen.
„*Sie üben sich dadurch in autoritäre Charakterstrukturen ein, oft für den Rest ihres Lebens*". Was die Essenz eines autoritären Charakters ausmacht, sagt Erich Fromm: „*Der autoritäre Charakter hat das Bedürfnis sich unterzuordnen, aber gleichzeitig auch zu dominieren, ganz im Gegensatz zum demokratischen Charakter, der sich immer weigern wird zu dominieren oder sich dominieren zu lassen.*" [48]
So entwickelt sich in tragischer Konsequenz auch bei Medea das, vor dem sie flüchtete: Zunächst übte sie einen eigenständigen Beruf aus, mit dem sie sich von den anderen Frauen in Kolchis deutlich unterschied und schließlich grenzte sie sich mit einer freien Liebeswahl, vom Muster wechselseitiger, nüchtern geplanter Abhängigkeiten, der auch in Kolchis Brauch war, ab. Zu dieser inneren Tragik passt, dass das Lager von Medea und Jason mit dem Goldenen Vlies bedeckt wird. Die Geschichte von männlichem Glanz, überhöht bis zu Haltungen demonstrativer Überlegenheit und Gewalt, der Verzicht auf weibliche Stärke zu-

gunsten dienender Unterwerfung, ergänzt von Gefühlen der Abhängigkeit, Angst und Schuld sind so symbolische Grundlage eines Neubeginns, der sich zwar partnerschaftlich gebärdet, jedoch eigentlich Wiederholung eines alten und gewohnten Beziehungsmusters beider ist.

Medeas Aufbruch zu neuer Identität scheint gescheitert. Aber auch für Jason gibt es keine bereichernde Weiterentwicklung zu ausgeglichener Männlichkeit: Eine Frau, die sich dem Gesetz der Väter beugt, kehrt zurück in die kindliche Hilflosigkeit. Gesetz und Macht des Väterlichen bestimmen Selbstbild und Bezug zum anderen Geschlecht. So projiziert Medea vermehrt nach dieser Hochzeit das Bild des starken und souveränen Männlichen auf Jason und gerade diese Projektion, die ihn überfordert, erschwert seine Reifung und verhindert, dass sich beide in echter Nähe begegnen.

In dieser Projektion liegt auch eine massive Aggression, denn die Übertragung der Normen und Wertvorstellungen der Vergangenheit reduziert Jason zu einer Schablone. Medea macht sich nicht mehr die Mühe, ihn in seiner Person zu erkennen und wahrzunehmen. Sie sieht ihn weder real noch seine potentiellen Entwicklungsmöglichkeiten und lebt in zunehmendem Maße die Rolle der vorwurfsvoll geopferten und sich opfernden Frau. Die eigene Stärke wird weder weiterentwickelt noch in konstruktiver Reibung mit dem Gegenüber fruchtbar, vielmehr wendet sie sich selbstzerstörerisch gegen die eigene Person und in nörgelnder Vorwurfshaltung gegen die Umwelt. Hier liegt die eigentliche Schwierigkeit Medeas, aber auch so manchen modernen Frauenschicksals. Nicht so sehr Jason, der Mann, ist Täter, sondern die übersteigerte Haltung einer plötzlichen Unterwerfung und Anpassung, der Verzicht auf bereits gewagte Autonomie wird zum Übel mit verhängnisvoller Eigendynamik: die Lust am Opferstatus, die geheime Macht, die kein Risiko der Bewährung im Außen eingehen muss, garantiert Sicherheit. Nicht das Schicksal macht die Tragik, sondern der Verzicht auf einen Aufbruch, der mal gewagt, nicht durchgezogen wird, weil er in seiner Konsequenz Risiken in sich trägt, die Angst vor dem Unbekannten auslösen.

Der Schritt, aus einem sichernden Kollektiv herauszutreten und Neuland zu betreten, kann Verwunderung, ja Ächtung und Entwertung von beiden Geschlechtern zur Folge haben, weil das Kollektiv es übel nimmt, wenn man die Sicherheit seiner Normen kritisch in Frage stellt. Nicht selten wird dies vom Männlichen wie vom Weiblichen als Verrat interpretiert und die Rache derer, die normgerechtes Verhalten brauchen, um sich sicher zu fühlen, heißt Verfolgung, Anfeindung bis Vernichtung.

Muss Medea aus Senecas Sicht darum ihr Tun mit Eros' Pfeil erklären? Nähert sie sich in diesem Augenblick wiederum der Norm, zu der die liebende und zu jedem Opfer bereite, weibliche Identität gehört? „*Alles, was ich begangen habe bis jetzt, nenne ich Liebeswerk* [...] *Medea bin ich jetzt, gewachsen ist meine Natur durch Leiden.*“ [49]

Die Verfolgung durch die Kolcher leitet sich aus dieser Irritation her, die mit dem lauten Schrei der Empörung überdeckt wird. Medea ist eine Hexe und wäre mit ihrem Versuch einer Emanzipation im Mittelalter auf dem Scheiterhaufen gelandet. Unter diesem Aspekt ist die solidarische Haltung einer Arete als Bekenntnis zur Gleichartigkeit zu verstehen. Sie vermag auf der Basis eines stabileren

Selbstwertgefühls mit ihrer eigenen, sicheren Identität etwas im Männlichen zu bewegen. Damit schafft sie – kollektiv gesehen – eine fruchtbare Veränderung: sie setzt kluge Intervention und Überlegung an die Stelle aggressiven Kampfes.

Die von den Argonauten wie von Aietes überzogene männlich-dynamische Haltung erfährt eine sinnvolle Korrektur. Damit vertritt Arete das Leben in seinen schöpferischen Impulsen, das auf ständige Neuwerdung zielt. Sie lebt das, was Medea ersehnt, aber noch nicht in aller Konsequenz durchzutragen vermag. Medeas Weg zurück in die Vergangenheit scheint mit der Hochzeit festgeschrieben. So mag auch keine echte Freude aufkommen, kein Glücksgefühl als Zeichen dafür, ein ersehntes Ziel erreicht zu haben, sondern verhaltene Trauer, Angst und das diffuse Gefühl zukünftigen Leides. Nach herzlicher Verabschiedung von den Phäaken, dem Wissen, den verfolgenden Kolchern endgültig entronnen zu sein, wird der Weg in die Heimat Jasons angetreten. Dieser gleicht allerdings erneut mehr einem Irrweg und zeigt damit kollektiv das, was Medea individuell in ihrem Frausein erlebt und verwirklicht: Desorientiertheit, Sackgassen, die in falsche Richtungen führen und Bedrohungen von außen. Die Unbill der Elemente, die diese äußeren Gefahren unterstreichen, können genauso als innere Widersacher verstanden werden. Es ist Ausdruck der Ausweglosigkeit, die die Argo in immer unwirtlichere Gegenden treibt. Hier spiegelt sich überdeutlich Medeas Entwicklungsprozess, der offensichtlich in Dürre und Leblosigkeit stagniert. Das gilt aber genauso für Jason, und schon jetzt zeichnet sich das Scheitern am gemeinsamen Weg ab.

Die Libysche Wüste – Ausdruck der Stagnation

Sie leben jetzt nach dem alten patriarchalen Muster in festgeschriebenen Rollen. Medea tritt vollkommen in den Hintergrund, sie hat keinerlei partnerschaftliche Funktion und auch als Person kaum Bedeutung. Ihre besonderen, herausragenden Fähigkeiten als hellsichtige Magierin, als intuitive und einfallsreiche Begleiterin, werden in den neuen lebensbedrohenden Situationen nicht benötigt, aber auch nicht angeboten.

Am Triptonsee, dem Geburtsort der Athene, der Repräsentantin besonderer Klugheit und herausragender weiblicher Begabung, erleiden die Argonauten eine neue und elementare Bedrohung. Die Argo strandet in der libyschen Wüste. Mit diesem Stranden ist ein vollkommener Verlust der Orientierung verbunden.

Was könnte symbolisch hinter dieser Situation stehen? Die Wüste ist karg, unfruchtbar, öde und gibt wenig Möglichkeiten, sich zurechtzufinden. Damit weist sie psychologisch auf eine innere Mangelsituation hin, die gegenläufig ist zur Erwartung des Beginns einer glücklichen, lebendigen und fruchtbaren Partnerschaft. In der Wüste fehlt das lebensspendende Moment des Wassers. Dieses ist in doppelter Hinsicht zu verstehen. Die Gegend ist unfruchtbar, wird aber auch nicht durch Regen befruchtet, was in der Parallelsetzung der Beziehung Jason - Medea darauf hinweist, dass die Beziehung von beiden Seiten her vertrocknet und verdorrt, unfruchtbar ist. Es findet kein Austausch statt. Es werden keine belebenden Impulse spürbar, die Dynamik der inneren Bewegung ist mit der äußeren Gefahr und Bedrohung verloren gegangen. Die Verzweiflung der Argonauten – wie auch die der Medea – drückt sich in ihrer Vereinzelung aus. Jeder erwartet für sich in Einsamkeit den Tod. Jason und Medea stützen und trösten sich nicht wechselseitig, sondern leiden unabhängig voneinander, unbewusst vielleicht auch daran, dass ihre Beziehung keine Belastung erträgt. Weder Schwierigkeiten noch Bedrohungen von außen, nicht einmal die Lebensgefahr, schmieden sie erneut zusammen. Im Gegenteil, die Bedrohung trennt sie noch stärker voneinander, stößt jeden in seine individuelle Vereinsamung und Depression und lässt sie gleich ‚Schatten' umherirren. Ein Bild, das an Tod und Unterwelt erinnert und weit entfernt ist von Lebensfreude und Zuversicht eines jungen Paares.

Die Rettung erfolgt erneut durch weibliche Klugheit. Die Schutzgöttin Libyens, die sich einst schon Athenes angenommen und sie nach der Geburt aus dem Haus des Vaters in den Wassern des tritonischen Sees gebadet hatte, stellt sich zur Verfügung. Allerdings ist diese Unterstützung weniger konkreter Art, sondern kleidet sich in ein sybillinisches Orakel:

„Sobald Amphitrite den schnellen Wagen Poseidons abgeschirrt hat, dann also stattet eurer Mutter den schuldigen Dank dafür ab, dass sie sich solange gemüht und euch im Leib getragen hat. So dürftet ihr wohl noch ins heilige Achaia heimkehren." [50]

Peleus (Ehemann der Meeresgöttin Thetis) findet die Deutung: Ihr Schiff, die Argo, ist als Muttersymbol zu verstehen, das sie über lange Zeit schützend und sichernd umgeben hat. Nun sollen sie es ihrerseits durch die Wüste tragen. Damit wird auf ein wichtiges Reifungsmoment, das die Schwelle zum psychologischen Erwachsenenalter markiert, hingewiesen: Die Argonauten sollen aus ihrer Haltung eines naiven, kindlichen Anspruchsdenkens herauswachsen und ihrerseits die Mutter unterstützen, die sich ihnen über lange Zeit selbstverständlich zur Verfügung stellte.

Nicht mehr unreflektiert nehmen und sich bedienen lassen, sondern selbst die Initiative ergreifen, das ist die Last, die sie jetzt auf sich nehmen müssen und an der sich ihre psychische Belastbarkeit erweist. Diese Erkenntnis ist immer auch mit Schmerz verbunden, denn sie bedeutet die bewusste Aufgabe von kindlichen Sicherheiten, von Geborgenheit und bisher tragender Orientierung. Den Argonauten bleibt dieser Hintergrund weitgehend unbewusst, so dass sie hilf- und verständnislos vor dem sich anschließenden Verlust zweier Argonauten stehen: Kanthos stirbt durch den Steinwurf eines Hirten beim Versuch, für die Gefährten Vieh zu rauben. Es sind die alten Mechanismen von Rücksichtslosigkeit und Selbstherrlichkeit, die eigentlich zurückgelassen werden wollen, wenn es um echte innere Unabhängigkeit geht. Mopsos, der zweite Seher, stirbt am Gift einer Schlange. Mit ihm verlieren die Argonauten ihren zweiten Vertreter intuitiver Lebenseinstellung. Erstarrung und Hilflosigkeit prägen die Gruppe angesichts dieses Vorfalls. Selbst Medea sieht Mopsos' Tod hilflos zu.

Möglicherweise erfüllten die Argonauten den Orakelspruch zu buchstabengenau, konzentrierten sich wieder ausschließlich auf das Mütterliche und verharrten damit in der Abhängigkeit. Schließlich ist das Sorgen fürs Mütterliche nur die Umkehr des Versorgungsanspruchs. Der Entwicklungsanstoß des Orakelspruchs hieß, sich aus der symbiotischen Abhängigkeit zu befreien, nicht – wenn auch mit umgekehrten Vorzeichen – darin zu verharren. Darum kann Beziehung auf partnerschaftlicher Ebene auch in Zukunft nicht gelingen, da ja auch Medea in die alte, vom Patriarchat geforderte Rolle geschlüpft ist, statt die autonome Kraft einer starken, wissenden und erfahrenen Frau zu realisieren.

Der Bronzemann Talos auf Kreta – Mut zur Konfrontation

Mit Hilfe eines Sohnes des Apollon finden die Argonauten schließlich aus dem Tritonsee heraus und wieder ins offene Meer. Ein letztes Hindernis erwartet sie, als sie dieses erreicht haben und sich segelnd und rudernd der Heimat näherten: Sie wollen in Kreta ankern, doch „*der eherne Talos hinderte sie, die Haltetaue an Land festzumachen, als sie in den Schutz des diktäischen Hafens einlaufen wollten, indem er von einer gewaltigen Klippe Felsbrocken abriss.*" Dieser war als einziger aus dem ehernen Geschlecht der eschengeborenen Menschen unter den Halbgöttern noch übrig. „*... Sein gesamter Körper und seine Glieder waren aus Erz und unverwundbar (nur unter der Sehne am Knöchel hatte er eine Blutader, die ein dünnes Häutchen bedeckte, von dem Leben und Tod abhing.*"[51]

Talos verkörpert – in seiner Person übersteigert – nochmals all das, was einseitiges, männliches Heldentum ausmacht: überlegene Kraft und Stärke, willkürliches Machtgebaren, scheinbare Unverletzlichkeit. Sollen die Argonauten zum Schluss ihrer Reise nochmals in einen Zerrspiegel blicken, um sich zu fragen, ob die mühevolle Reise nicht nur einen äußeren, sondern auch einen inneren Sinn gehabt hat?

Angesichts der realen Bedrohung durch Talos kann Medea plötzlich wieder in sichtbarem Selbstvertrauen die Regie übernehmen. Sie besinnt sich auf ihre besonderen Kräfte, ihre Magie, ihre hypnotische Begabung, die Ausdruck ihres Willens und ihrer Persönlichkeit sind.

„*Sie nahm eine feindselige Haltung an und beherrschte mit ihrem bösen Blick die Augen des ehernen Talos. Zähneknirschend richtete sie ihren unheilvollen Zorn auf ihn und schlug ihn in ihrem wilden Hass mit schrecklichen Wahnvorstellungen. Als Talos gewaltige Steine heranwälzte, um die Landung der Argonauten zu verhindern, ritzte er sich den Knöchel an einem spitzen Stein. Er wankte und stürzte schließlich tot zu Boden.*“ [52]

Der gewaltige, erzene Talos erliegt der Übermacht der zauberkräftigen Medea. Ihre ganze Wut, ihr Hass aufs Männliche, von dem sie sich enttäuscht, missbraucht und kleingemacht fühlt, richtet sich auf Talos, den Vertreter der scheinbar unangreifbaren männlichen Stärke. Ehern, gewalttätig, rücksichtslos und doch, wie viele Helden, mit einer verletzbaren Stelle, die symbolisch für seine Hybris steht, wird er gerade dort getroffen und geht unter. Medea, die Frau, rettet erneut, wo männliche Kraft nicht nur am Ende ist, sondern sich im Symbol des Talos selbst in Lebensgefahr bringt. Und wieder gibt es seitens des Männlichen keinen Dank, d.h. die Argonauten sind nicht in der Lage zu erkennen, welche anregenden, befruchtenden, lebensspendenden, wie lebenserhaltenden Möglichkeiten der bezogene Kontakt mit dem Weiblichen bietet. Sie können die Kräfte der Selbstkonzentration, die sie vor drohender Lebensgefahr bewahrten, nicht wertschätzend anerkennen und als etwas auch zu ihnen Gehöriges integrieren. Sie benutzen Medea zwar, aber die Erkenntnis dringt nicht in ihr Bewusstsein und verschwimmt ähnlich wie die Argo, die, wieder auf dem Meer, ungehindert der Heimat zutreibt. Vordergründig opfern die Argonauten zwar aktiv der Athene von Kreta, sind sich aber des Wertes in ihrer Mitte nicht bewusst. Sie können damit auch ihre eigenen weitergehenden Möglichkeiten weder reflektieren noch integrieren, weil ihnen die angemessene Selbstwahrnehmung fehlt.

Vergleichen wir die gegenseitige Beziehungsfähigkeit der Menschen heute, nicht nur in der Dimension männlich-weiblich, sondern auch in der Interaktion Individuum-Kollektiv, dann ist erschreckend, wie wenig in mehr als 2000 Jahren dazugelernt wurde, wie sehr heutiges Verhalten dem der Argonauten gleicht: Der Einzelne versucht sein Leben, solange es geht, aktiv handelnd zu gestalten. In schwierigen Lebenssituationen, wenn es gilt Schwellen zu überwinden, wird allerdings immer neu die Einseitigkeit eines ausschließlich vom Willen dominierten, egozentrischen Lebensbezugs spürbar. In solchen Momenten besinnt sich das Individuum auf das Kollektiv, das in Form von Institutionen, wie Staat oder Kirche schützend die Hand ausbreitet und Gefahren Einhalt gebieten soll, welche gerade aufgrund der Einseitigkeit und Selbstgerechtigkeit des Einzelnen entstanden sind. Ein magischer Blick soll diese Gefahren gewissermaßen bannen und erneut paradiesische Geborgenheit herstellen.

Aus kollektiver Sicht werden wir durch Zufälle aus unserer Bequemlichkeit passiven Konsumierens aufgescheucht und schreien nach dem großen rettenden Einzelnen, seien es Gott oder die wiederkehrende Göttin. Diese Macht soll das Steuer des Schicksals herumreißen und den kollektiven

Untergang verhindern, der wiederum aus der maßlosen Anspruchshaltung entstand. Ist die Gefahr durch den rettenden Einzelnen oder die schützende Institution abgewendet – bewältigt oder aus dem Bewusstsein gedrängt – gibt es keine Veranlassung zur Veränderung mehr; weder für die Lebensführung des einzelnen Menschen in seiner leistungsbesessenen Lebensgestaltung, noch für das träge Kollektiv in seiner Gier nach schneller Bedürfnisbefriedigung. Das alte Leben geht weiter, die gewohnten Verhaltensweisen bleiben.

Ähnlich unbewusst und naiv erscheinen auch die Argonauten. Unbekümmert beleben sie ihre alten Verhaltensmuster und krönen ihre glückliche Heimkehr mit einem sportlichen Wettlauf. Ein wirklicher Bewusstseinsweg, der im Grunde mit der langen Reise abgeschlossen sein sollte, ist offensichtlich nicht beschritten worden. Die Männer fühlen sich als Sieger in ihrer aktiv-dynamischen Art. Die sensiblen, passiven Seiten sind nicht angemessen integriert, die intuitiven Kräfte in Gestalt beider Seher verloren gegangen und kein Gefühl des Mangels, kein Empfinden des Verlusts wichtiger eigener Persönlichkeitsanteile taucht auf.

Wie sieht es für Medea aus? Schwankend in ihrer ambivalenzgeprägten Rolle, versinkt sie nach ihrer Aufsehen erregenden Tat der Bezwingung des Talos in Schweigen. Sie vergisst und wird vergessen, bis sie erneut gebraucht wird, um Unheil aufzulösen. Eine ruhige, selbstbewusste Haltung, die sich in Würde des eigenen Wertes bewusst ist, steht Medea nicht zur Verfügung. Sie schwankt weiterhin zwischen Unterwerfung und Wissen um ihre besonderen Möglichkeiten, bindet sich jedoch einseitig an Jason, stellt sich ihm als Dienerin zur Verfügung, woraus sich die Katastrophe ihrer weiteren Partnerbeziehung zwangsläufig entwickeln muss. Ist es heute, in unserer aufgeklärten Zeit nicht letztlich immer noch so? Definieren nicht viele Frauen ihren subjektiven Wert erst über das Gefühl, gebraucht zu werden, notwendig zu sein bei der Lösung der vielen kleinen alltäglichen Schwierigkeiten, bei den großen Problemen des Lebens, beim Älterwerden, bei Ängsten vor Krankheit und Sterben? Frauen sind eine unverzichtbare Größe, wo es um diese Themen geht. Pflege im Alter und bei Krankheit, Trost, Rat und Hilfe in Krisensituationen. Die Frau als gute Zuhörerin, die bestätigt, ermutigt und den männlichen Narzissmus positiv spiegelt? Das Weibliche, selbstlos, für sich nichts fordernd, sich selbst bestätigend als Helfende? Es ist ein Irrtum, dem sich die Männer oft hingeben, den aber auch Frauen aus anerzogenem Harmoniebedürfnis häufig pflegen, und sei es aus Mangel an eigener Struktur.

Medea, die Zauberin

Nach einer langen, beschwerlichen Reise kehren die Argonauten nach Griechenland zurück. Sie haben das Ziel ihrer Reise erreicht und das goldene Vlies zurückgewonnen. Aufgrund der Zusage Pelias' hätte Jason seine Königswürde damit neu errungen, aber jener hält sein Versprechen nicht ein. In dieser von Jason wieder nicht allein zu lösenden Konfliktsituation erwacht Medea zu neuer Kreativität. Sie stellt sich mit ihren besonderen Fähigkeiten wie selbstverständlich erneut Jasons Interessen zur Verfügung. Stellvertretend vollzieht sie die Rache an Pelias. Hierbei

sind zwei Versionen überliefert. In der einen verjüngt sie den Vater Jasons, was die Töchter des Königs Pelias so beeindruckt, dass sie Medea bitten, das gleiche bei ihrem Vater zu wiederholen. Die andere Version ist folgende:
Medea verwandelt ihr Aussehen in das einer alten Frau, indem sie Salben auf ihre Haut und ihr Haar streicht. Sie verfertigt aus Holz eine hohe Statue der Artemis und humpelt dann allein zu den Stadttoren. Dort erklärt sie, sie sei eine Priesterin der hyperboreischen Artemis und sei von der Göttin gesandt worden, um Jolkos Glück zu bringen, indem sie die Jugend des Königs wieder herstelle. Das prophetische Geplapper der alten Frau schlug die Bürger mit Verwunderung und Furcht, besonders als sie sich allein in einem Raum einschloss, die Salben entfernte und als junge Frau wieder herauskam. Ihre Fähigkeit zur Verjüngung demonstriert Medea darüber hinaus an einem alten Widder, indem sie ihn zerstückelt, kocht und so wieder zu einem Zicklein macht. Damit überzeugt sie sowohl Pelias, als auch seine Töchter. Der alte König wird von seinen Töchtern in Stücke gehackt, in siedendes Wasser geworfen. Diesmal jedoch vollzieht sich keine Wandlung. Pelias bleibt tot und die Argonauten besetzen die Burg.

Jetzt geht es ganz bewusst um die Auseinandersetzung mit dem männlich-väterlichen Prinzip. Pelias, Herrscher und Vater von zwei Töchtern, hat offensichtlich Angst vor dem Alter und kann seine Macht nicht abgeben. Die Töchter, ganz in kindlicher Ergebenheit fixiert, verstärken durch ihre Unterwerfungshaltung die männlich-väterliche Überlegenheit. Sie haben offensichtlich keine Eigenständigkeit, keine Fremd- und Selbstkritik entwickelt und bleiben in Abhängigkeit stecken. Gerade ihre Sehnsucht, sich als gute

und ergebene Töchter darzustellen und dem Vater gewissermaßen das ewige Leben zu garantieren, bringt jedoch dem Männlichen den Tod.
Das müsste nachdenklich machen: Das Patriarchat verlangt dienende, ergebene Töchter – Frauen, die die Interessen des Männlich-Väterlichen ins Zentrum ihres eigenen Wollens stellen. Diese Haltung erlaubt keine eigenständige kritische Entwicklung. Die Bereitschaft, sich übermäßig zurückzunehmen, lässt die Auseinandersetzung mit dem Männlichen in der Objektbeziehung, aber auch mit den eigenen kreativ-männlichen Seiten nicht zu. Das Fehlen entwicklungsfördernder Reibung lässt den Dialog verstummen. Die lebensschaffende, fruchtbare Spannung erlahmt, schleichend breitet sich Leere aus – der Tod jeder Beziehung.
Es wird hier auf der Vater-Tochter-Ebene sehr deutlich gezeigt, dass die Rücknahme des Weiblichen das Ziel, dem Mann mehr Macht und Würde zu erlauben, keine fruchtbare Entwicklungsdynamik auslöst. Das Männliche versucht, sein Herrschertum über die Zeit zu bewahren und damit stagniert lebendiges Sein. Diese Tatsache wird im Wunsch der Töchter sichtbar, ihren Vater zu verjüngen. Am Fremdbeispiel enthüllt Medea mit ihrem Tun den lebensfeindlichen Aspekt, der bereits in der Beziehung selbst liegt. Das heißt, nicht sie tötet, sondern sie zeigt auf, dass eine solche Beziehung das Männliche, auch wenn es noch lebt, zum Tod verurteilt.
In dieser Episode taucht erneut das Zerstückelungsmotiv auf. Dieses ‚Kleinmachen' vor allem des Männlichen wird häufig von Frauen praktiziert, die ihre eigenen männlichen Seiten nicht entwickelt haben. Die strukturierende, geist-

volle, kritische Seite, die den Töchtern des Pelias abgeht, ist die gegengeschlechtliche Seite, die C. G. Jung als den ‚Animus' bezeichnet. Solange dieser unbewusst ist, stellt er sich im wesentlichen in beziehungsstörender bis beziehungsvernichtender Art dar. Er zerstückelt Bezogenheit über rechthaberisch vorgebrachte Meinungen, Überzeugungen, die jedoch nicht Ausdruck von selbstgewonnenen Erkenntnissen, sondern von übernommenen Normen sind. Über diese Tat scheint Medea ihr eigenes Vaterproblem ein Stück weit zu lösen. Sie besinnt sich auf ihre außergewöhnliche Persönlichkeit und lebt sie ohne Angst und Schuldgefühl aus, womit sie endgültig die Überlegenheit des Vaters, der die Macht nicht loslassen kann, in Gestalt des Pelias untergehen lässt. Die große Muttergöttin Hera mag nun befriedigt sein, weil ihrer Rache an Pelias Genüge getan wurde. Sie wird wieder zur allmächtigen „Großen Mutter", der sich das Männliche zu unterwerfen hat. Für Medea könnte es ein Schritt in den Aufbruch, in die Neuwerdung ihrer eigenen Persönlichkeit sein, ohne der Verführung zu erliegen, weder in die Rolle der dienenden Tochter zurückzufallen, noch sich mit dem Archetyp des Großen Mütterlichen zu identifizieren.
Der gewaltsame Tod des Pelias, der Triumph Heras und der Vollzug ihrer Rache bringt Jason jedoch den Königsthron nicht zurück. Entweder verzichtete er freiwillig auf seinen Anspruch, oder er wurde von Pelias Sohn Arkastos vertrieben. Jason flüchtet mit Medea nach Korinth, wo König Kreon sie angesichts der ruhmreichen Argonautentaten gerne aufnahm.

Medea – der eigene Standpunkt in Selbstreflexion

Wir wissen über die Jahre Medeas in Korinth wenig. Es sind keine längeren Dokumente erhalten. Entweder identifizierte sie sich doch mit der herkömmlichen Rolle der Frau in der Antike und zog sich zurück in den häuslichen Hintergrund: Nach Aussage des Euripides gebar sie Jason zwei Söhne. Die andere Version entwirft Christa Wolf in ihrem Roman Medea – Stimmen: Medea wagt konsequent die Entwicklungslinie zu einer, den üblichen Rahmen sprengenden Individualität. Als eigenständige Frau, die anders denkt, sich anders verhält, wird sie gefürchtet, ausgegrenzt, verfolgt, gedemütigt und entrechtet.

Angesichts dieser beunruhigenden Stärke ist es folgerichtig, dass Jason sich durch diese Persönlichkeit immer mehr in Frage gestellt fühlt. Vielleicht zweifelt er infolgedessen an seiner männlichen Überlegenheit und knüpft kompensatorisch zur eigenen Bestätigung Beziehungen zum Königshaus. Es entspinnt sich eine Beziehung zu Glauke, der Königstochter, sicherlich nicht primär aus Liebe seitens Jasons, sondern aus Gründen seines Opportunismus'.

Die klassische Dreiecksgeschichte: Die vertraute Partnerin des Mannes, die ihn über Jahre, vor allem auch in seinen Schwächen kennt, wird unbequem, denn sie durchschaut ihn. Vordergründig beklagt sich der Mann über die schwindende Attraktivität der Ehefrau, unterschwellig sucht er jedoch eine jüngere Partnerin, um sich selbst zu bestätigen, um selbst den Lauf der Zeit möglicherweise aufzuhalten und die Illusion zu kultivieren, selbst noch anziehend, vital und jung zu sein. Die jüngere Partnerin, hier die Königstochter Glauke, ihrerseits vor allem als ‚Vatertochter' und als weder sonderlich schön noch klug geschildert, bewundert den alt werdenden, erfahren wirkenden Helden und wird zur dienenden Tochter-Geliebten, den Mann aufwertend und das alte Muster des starken und überlegenen Mannes wiederbelebend.

Es sieht fast so aus, wie Hans Jellouschek es schildert, als ob *„Heranwachsende [...] sich gegenseitig stellvertretend wie Vater und Mutter benützen, um aneinander – z.B. in Außenbeziehungen – den Ablöseprozess zu exerzieren. In den Muttersöhnen und Vatertöchtern [...] haben wir typische Beispiele dafür. [...] Die Selbstverwirklichung gelingt sehr oft nicht, denn in den neuen Beziehungen werden die ungelösten Bindungen nicht selten nur in neuer Variation (oder in der Umkehr) wiederholt.“* [53]

Gehalten in der Sicherheit einer neuen Beziehung, wird Jason bei der Zurückweisung der Vorwürfe seiner Ehefrau rücksichtslos. Er entzieht sich ihr noch mehr und verfolgt seinen eigenen Vorteil.

Gleichzeitig zeigt sich jedoch auch, wie fruchtlos die Vorwurfshaltung einer enttäuschten Frau ist. Damals wie heute, verhärten sich die Fronten. Übereinstimmung, Verständnis der anderen Position, wird angesichts der Demonstration des eigenen Standpunkts, des Bedürfnisses, Recht zu haben, oder unverstandenes Opfer zu sein, unmöglich. Die Argumente unter dem Aspekt der Schuldzuweisung bestimmen den Dialog, der nicht so sehr ein Gespräch als vielmehr der Monolog einer/eines Verkannten ist. Diese Situation zeichnet Euripides in seinem Drama ‚Medea‘ [54] überdeutlich:

Medea: „Ich erleichtre mir durch Schmähungen das Herz, und dich verdrießt es, der sie hören muss. Doch bei dem ersten will ich auch beginnen erst. Ich habe dich gerettet, wie ja jeder weiß, der, dir gesellt aus Hellas, Argo-Schiff bestieg, als Feuer atmender Stiere Joch zu lenken du gesendet warest und die Todessaat zu streuen. Den Drachen, der in vielgewundenen Ringen sich ums Goldene Vlies wand und es schlaflos hütete, erschlug ich: Also strahlte dir der Rettung Licht. Und meinen Vater und mein Haus ließ ich dann und zog nach Jolkos an den Höhn des Pelion mit dir, von Liebe mehr beseelt als weisem Sinn, und gab den leidenvollsten Tod dem Pelias durch seine Töchter und verdarb den ganzen Stamm. Und das, der Männer schlimmster, das verdankst du mir, und mich verrietst du, nahmst dir ein anderes Weib, nachdem du Kinder zeugtest: Wärst du kinderlos, ich könnte dir vergeben, dass du diese liebst. Doch deines Schwures Bürgschaft ist dahin."

Jason: „Kein schlechter Redner muss ich sein, so dünkt es mich, nein, wie des Schiffes vielgewandter Steuermann, mit hochgespanntem Segel wohl bedacht, oh Weib, muss ich entfliehen deiner Zunge wildem Sturm. Zu prahlend rühmst du deine Gunst, erfahre denn: Ich meine, Kypris war allein von Göttern und von Menschen meine Retterin auf meiner Fahrt. Dir ward ein Geist voll Schärfe; doch gehässig ist die Rede, zeig ich, dass der Liebesgott dich zwang, mich zu erretten aus den unentrinnbaren Mühn. Doch allzu streng erörtern mag ich dieses nicht: In welcher Art du halfest, immer war es gut. Nun aber hast du Größeres, als du mir gewährt, von mir empfangen, wie ich dir beweisen will. Zunächst wohnst du in Hellas statt in traurigen Barbarenländern, lerntest Recht und Sitte hier, und dem Gesetz gehorchen nicht der rohen Kraft; auch kennt in Hellas jeder dich als kluge Frau, und Ruhm gewannst du. Wenn du noch am fernsten Saum der Erde wohntest, würdest du niemals genannt."

Die Abrechnung beider ist eine Aufrechnung eigener Taten und des damit verbundenen Wertes. Sie vertieft die Kluft, statt sie zu überbrücken. Hierzu noch mal Hans Jellouschek:

„*Männer wie Theo* (Jason) *meinen oft, die Frage der eigenen Autonomie und Größe würde sich nun in den Armen einer Lilo* (Glauke) *von selber lösen. Es kommt aber entscheidend darauf an, dass er begreifen lernt, dass Maria* (Medea) *nicht ‚schuld' ist an seinem Mangel an Lebendigkeit und dass Lilo* (Glauke) *diesen Mangel nicht einfach wettmachen kann*". Umgekehrt „*für Frauen wie Maria* (Medea) *wiederum besteht die Gefahr darin, dass sie die Konfrontation mit ihrem eigenen Selbstwertgefühl als Frau durch die Geliebte nicht aushalten und in eine moralische Ankläger- bzw. eine klagende Opferposition flüchten.*"[55]

Es ist eine emotionale Situation, in der Medea – im Gegensatz zu dem sich selbst genügenden Jason – zwischen Resignation und der Frage nach dem Sinn hin und herschwankt.

„*Ich hätte Kolchis nicht verlassen müssen, nicht dem Jason zu einem Vlies verhelfen. Nicht die meinen zum Mitkommen überreden. Nicht diese lange schlimme Überfahrt auf mich nehmen. Nicht all diese Jahre als halb gefürchtete, halb verachtete Barbarin in Korinth durchleben. Die Kinder, ja, ach was werden sie vorfinden. Auf dieser Scheibe, die wir Erde nennen, gibt es nichts anderes mehr [...] als Sieger und Opfer. Nun verlangt es mich zu wissen, was ich finden werde, wenn es mich über ihren Rand hinaustreibt.*"[56]

Über den Rand hinaustreiben, ist das der Punkt, an dem sich Medea zur Rache entschließt? Rache, um zu reifen? Sie entscheidet sich dafür, nicht weiter auszuharren als gefürchtete und gleichzeitig geknechtete, bewunderte und gehasste Fremde, gebraucht in ihrer Heilkunst als Ratgebende, abgelehnt wegen ihres Selbstbewusstseins, ihres Stolzes auf ihre Individualität, die sich nicht beugt, sondern lieber bricht. Nach Euripides wird Medea mit Verbannung und Scheidung bedroht. Jason seinerseits hat sich zurück

besonnen auf ein vertrautes Kollektiv gleicher Abstammung, gleicher Art, gleichen Wertekodexes.
Medea ist die andere. Sie erleidet die Sündenbockprojektion. Sie wird zur gefährlichen Zauberin, von der die Stadt, Kreon und Jason sich trennen wollen. Medea ist zu stark. Sie hat vermutlich über mehr als zehn Jahre diese Stärke verborgen gehalten zugunsten von Anpassung. Hierdurch hat sie sich gegenüber ihrer eigenen Persönlichkeit schuldig gemacht. Sie hat versucht, eine derer von Korinth zu werden, hat sich zurückgenommen und ist trotzdem nicht akzeptiert worden.
Es ist die kollektive Tragik von Partnern aus dem Ausland, die versuchen, sich möglichst vollkommen anzugleichen und letztlich doch keine Heimat, kein Heimatrecht erringen, sondern nur das ihrer angestammten Heimat verlieren. Wie viele Frauen kennen diese Situation, die in die totale Einsamkeit und Isolation führt: Ausländerinnen, die sich übereifrig mit ihren Kindern nicht mehr in ihrer Muttersprache verständigen wollen, stattdessen über die unvertraute Sprache radebrechend Kommunikation suchen und in der Konsequenz noch entwurzelter sind.
Verlust von Heimat und Zugehörigkeit, der Verrat am Bruder wird für Medea in dem Augenblick zum sinnlosen Opfer, als Jason sich von ihr abwendet. Eifersucht und Rache prägen ihre Vernichtungstat: Sie schickt Glauke ein vergiftetes Hochzeitsgewand, in dem diese und auch der Vater beim Rettungsversuch elend verbrennen. Das ist eine zweite reale Schuld. Aber das Tragen dieser Schuld lässt Medea über sich selbst hinauswachsen. Sie nimmt die Andersartigkeit als die ihre wieder an und flieht auf einem Wagen, der von geflügelten Drachen gezogen wird, einem

Geschenk ihres Großvaters Helios'. Indem Medea sich als Individuum in ihren Gefühlen annimmt und zu ihrer Schuld der Tötung der Rivalin und des Königs steht, kann sie in den heilenden kollektiven Bildern wieder Sicherheit und Identität finden. Nicht der dominierende Vater, sondern der Großvater als Repräsentant des geistigen Prinzips, Helios, ermöglicht es ihr, sich aufzuschwingen aus der Erdenschwere, den Verzicht auf Nähe und Sicherheit zu leisten und einen neuen Lebensabschnitt zu beginnen. Wenn sie sich des Drachenwagens bedient, scheint es, als hätte sie sich wieder mit ihrer eigenen Drachenidentität befreundet, wieder Zugang gefunden zu ihren machtvollen weiblichen Seiten in ihrem Doppelaspekt.

Medea gleicht in diesem Augenblick vielen modernen Frauen, die unter das Thema Familie, Mann, Kinder einen Schlussstrich ziehen. Sie wagen es, die Familie und die Rolle als Hüterin des Herdes, die sie häufig um der Kinder willen aufrechterhalten haben, zu verlassen, um sich auf ihre nicht genutzten Fähigkeiten zu besinnen, oder um bisher nicht genügend entwickeltes geistiges Potential zum Tragen zu bringen. Aufbruch zu sich selbst, nicht mehr Objekt des Vaters, des Mannes, des Männlichen sein, den Mut haben, eindeutig zu werden, die eigene Persönlichkeit zu entdecken, – das ist die Botschaft der Medea, die die Frauen damals wie heute aufrüttelt.

Aufbruch zu sich selbst heißt, sich frei zu machen von dominierenden Vorbildern. Er fordert aber auch, sich selbst zu erproben und auf die Sicherheit des Gewohnten und Vertrauten zu verzichten. Aufbruch zu sich erfordert Selbstbesinnung, das Entdecken eigener Werte. Er bedeutet, Normen zu überprüfen, sie in Frage zu stellen und

eigenständig über Gültigkeit oder Wertlosigkeit für die eigene Lebensführung zu entscheiden.
Jean Anouilh lässt es seine Medea auf den Punkt bringen:
Medea: „Was hat er aus mir gemacht, Amme, mit seinen großen, warmen Händen! Es genügte, dass er in den Palast meines Vaters kam und mich mit einer Hand berührte. Zehn Jahre sind seitdem vergangen und Jasons Hand lässt mich los. Ich finde mich wieder. Habe ich geträumt? Das bin ich, das ist Medea. Das ist nicht mehr diese Frau, die an den Geruch eines Mannes gekettet ist, diese kriechende Hündin, die wartet. Schande! Schande! Meine Wangen brennen, Amme. Den ganzen Tag wartete ich auf ihn, nur ihn verlangend und ihm unterlegen [...] voller Ergebenheit, dieses Stück von mir, das er geben und nehmen konnte, dieser Teil meines Leibes, der ihm gehörte [...] Ich musste ihm ja gehorchen, und ich musste ihm zulächeln, und ich musste mich für ihn schmücken, um ihm zu gefallen, denn er verließ mich jeden Morgen und nahm mich mit, und ich war so glücklich, wenn er am Abend zurückkam und mich mir wieder gab. Ich musste ihm dieses goldene Vlies geben, wenn er es wollte und alle die Geheimnisse meines Vaters, und ich musste meinen Bruder um seinetwillen töten und ihm dann auf seiner Flucht folgen, verbrecherisch und arm mit ihm. Das ist alles. Ich habe alles getan, was ich tun musste.“ [57]

Das weitere Schicksal von Jason und Medea

Medea geht von Korinth nach Athen, um bei Aigeus, der ihr Schutz geschworen hatte, sicher vor der Rache der Korinther zu sein. Der Mythos berichtet davon, sie habe – um Jason zu strafen – sich an ihren Kindern vergriffen und sie getötet. Dies ist auch die Perspektive, die Euripides in den Mittelpunkt seines Dramas rückt.

Die andere psychologisch glaubwürdigere ist die, dass die Korinther sich ihrerseits an Medea rächten, indem sie ihre Kinder steinigten, denn nur über die Rolle als Mutter war sie in ihrer Stärke noch antastbar und verletzbar. Diese Variante schildert Christa Wolf in ihrem Buch über Medea.

Es wird überliefert, dass angeblich die Korinther Euripides bestochen hätten, er möge ihre Schuld ummünzen in eine Schuld der Medea, um sich vor der Nachwelt zu rechtfertigen.

Gleichgültig welches Ende die Kinder nahmen, durch wen sie starben, es wird dadurch betont, dass eine Beziehung, die auf Abhängigkeit und Dienen gegründet ist, die Frau und Mann veranlasst, in einer Scheinidentität ihre Wirklichkeit zu sehen, keine Zukunft hat und damit konsequenterweise auch keine Kinder, die als Erben an einer fruchtbaren Zukunft bauen. So dürfte der Tod der Kinder eher symbolisch zu verstehen sein: Leben im Sinne von Evolution ist nur möglich, wenn eine Generation es auf sich nimmt, den Ausgleich zwischen den Geschlechtern zu verwirklichen. Wenn Stärke nicht mehr dem männlichen, Schwäche dem weiblichen Geschlecht zugeordnet werden muss, sondern wenn sie als menschliche Eigenschaften anerkannt werden, mit denen gelernt werden muss umzugehen. Nur so können neue Wege im Beziehungsdickicht gefunden werden.

Das weitere Schicksal Medeas ist nur in groben Zügen überliefert: Medea flieht zunächst zu Herakles nach Theben, der einst versprach, sie zu beschützen, sollte Jason sich je als treulos erweisen. Sie heilte Herakles von seinem Wahnsinn, aber die Thebaner duldeten die Kolcherin nicht in ihrer Stadt. Medea muss nach Athen ausweichen, wo sie König Aigeus kennenlernt und ihn heiratet. Doch Aigeus hatte von seiner ersten Frau Aithra, Königin von Troizen, einen Sohn namens Theseus. Dieser Theseus kam, ähnlich wie Jason, unerkannt in seine Heimat zurück. Sein Auftritt fällt wohl mit dem Opfer der 14 Athener Jugendlichen an Kreta (König Minos) zusammen; Theseus wird diese Jugendlichen begleiten und den Minotaurus erschlagen. Medea versuchte, Theseus zu vergiften (was ihr nicht gelang). Sie wurde verbannt. Ihr weiterer Weg führt sie nach Italien und Thessalien (wo sie sich angeblich mit Thetis in einem Schönheitswettbewerb maß).

Wie auch immer ihre weiteren Stationen verlaufen sind: eines Tages hört Medea, dass ihr Onkel Perses ihren Vater gestürzt habe und dieser Umstand veranlasst sie, mit ihrem Sohn Medos (dessen Vater nicht eindeutig festzustellen ist), heimzukehren. In Kolchis angelangt, verhilft sie ihrem Vater wieder auf den Thron und vergrößert das Reich um die südlich davon liegenden medischen (iranischen) Stämme. Medea soll nach ihrem Tod, in einem flammenden, von Drachen gezogenen Wagen himmelwärts gefahren sein und, wie es heißt, im Elyseion einen Mann bekommen haben, der besser zu ihr passte als Jason oder Aigeus: einige Dichter verheiraten sie posthum mit Achilles.

Unrühmlich dagegen wird Jasons Ende beschrieben: er blieb in Korinth, alternd und einer heldenhaften Vergangenheit nachtrauernd. Einst lag er unter der morschen Argos, als der Bug brach und Jason unter sich begrub.

Wird der Mythos wörtlich übertragen als Geschichte einer individuellen Beziehung, so scheint das Ende unbefriedigend. Jeder zieht sich wieder auf sich selbst zurück. Medea scheint erhoben, Jason endet wenig heldenhaft. In ihrer Beziehung sind sie gescheitert. Sind die Menschen der Gegenwart ebenso mit ihrer Beziehungsfähigkeit am Ende, wie es die zunehmenden Scheidungsziffern glauben machen? Sind die Menschen in ihrer wachsenden Individualisierung, im Bedürfnis, Ich und Persönlichkeit zu entwickeln immer weniger in der Lage, eine tragfähige Kommunikation zu gestalten, die auch Belastungen gewachsen ist? Fehlt die Fantasie, neue Rollenbilder zu entwerfen, die den menschlichen Möglichkeiten bei Mann und Frau in Verbindung mit dem gewandelten Bewusstsein gerecht werden? Aus weiblicher Perspektive sieht die Antwort eher düster und resigniert aus:

„*Wohin mit mir. Ist eine Welt zu denken, eine Zeit in die ich passen würde? Niemand, den ich fragen könnte. Das ist die Antwort.*“ [58]

Auch die männliche Sicht kennt in den Worten von Shakespeare den Zweifel an der Bereitschaft zur Veränderung, wenn er Hamlet in seinem Monolog sagen lässt:

„*Dass wir die Übel, die wir haben, lieber ertragen, als zu unbekannten fliehen.*“ [59]

Setzt man den Mythos in Beziehung zur Bereitschaft, in einer Partnerschaft Veränderung zu wagen, scheint das Ergebnis eher resignativ zu stimmen. Auf der anderen Seite kann er gleichzeitig Impulse geben, neue Verhaltensweisen zu wagen: Das Fremde im anderen, in sich, als wertvoll zu würdigen, stößt immer innere Entwicklung an. Das bedeutet, sich und den anderen in seinen autonomen, unabhängigen, aber auch in seinen Nähe und Berührung suchenden Persönlichkeitsanteilen zu sehen und anzuerkennen.

Wenn es möglich ist, einseitiges Aufspalten in ‚männlich‘ und ‚weiblich‘ aufzugeben, genormtes, manipuliertes Denken zugunsten echten Mitgefühls zu relativieren, die Vielfalt des Ganzen in der eigenen Person, im anderen, zu erkennen, dann kann vielleicht Beziehung zwischen Mann und Frau als etwas ganz Neues gelingen. Dann mag trotz aller Kassandrarufe Hoffnung keimen auf fruchtbares Leben und Überleben in einer neuen Selbstwahrnehmung in zeitübergreifenden Dimensionen.

ANHANG

Allgemeine Literatur zur Symbolik

Cooper, J. C. (1986) Illustriertes Lexikon der Symbole, Leipzig. Der kleine Pauly (1979) München. Kerényi, Karl (1996) Die Mythologie der Griechen, München. Lurker, Manfred (1991) Wörterbuch der Symbolik Stuttgart. Ranke-Graves, Robert von (1997) Griechische Mythologie, Reinbek bei Hamburg. Reclam (1991) Lexikon der Antiken Mythologie. Simon, Erika (1985) Die Götter der Griechen, München.

Zitierte Literatur

1 Gascard, Johann G.: Medea Morphosen, S. 49, Berlin 1993.

2 Beck, Hanno: Alexander von Humboldts Reise durchs Baltikum nach Russland und Sibirien, Stuttgart 1984.

3 Dazu merkt Robert v. Ranke-Graves (Griechische Mythologie, S. 544, Anm. 14, 1993.) an: „Jasons einzelne Sandale wies ihn als Kämpfer aus. Aitolische Krieger waren wegen ihrer Gewohnheit berühmt, nur am linken Fuß einen Schuh tragend in den Kampf zu ziehen.“

4 Jung, Carl Gustav: Typologie, Olten 1972.

5 Glei, Reinhold und Natzel-Glei, Stephanie (Hrsg.): Apollonios von Rhodos, Das Argonautenepos I, S. 45ff., Darmstadt 1996.

6 Glei, Reinhold und Natzel-Glei, Stephanie (Hrsg.): Apollonios von Rhodos, Das Argonautenepos I, S. 49, Darmstadt 1996.

7 Aischylos: Orestie (Übers. Walter Jens), S. 70, München 1979.

8 Giebel, Marion: Das Geheimnis der Mysterien, München 1993.

9 Lüscher, Max: Die Lüscher Farben, München 1989.

10 Lüscher, Max: Das Harmoniegesetz in uns, Düsseldorf 1993.

11 Glei, Reinhold und Natzel-Glei, Stephanie (Hrsg.): Apollonios von Rhodos, Das Argonautenepos I, S. 73, Darmstadt 1996.

12 Vgl. Das Harmoniegesetz in uns, Düsseldorf 1993.

13 Behrendt, Joachim Ernst: Das dritte Ohr, S. 80, Reinbek 1996.

14 Behrendt, Joachim Ernst: Das dritte Ohr, S. 117, Reinbek 1996.

15 Glei, Reinhold und Natzel-Glei, Stephanie (Hrsg.): Apollonios von Rhodos, Das Argonautenepos II, S. 95, Darmstadt 1996.

16 Chamisso, Adalbert v. in: Deutscher Balladenborn, Wiesbaden 1978.

17 Glei, Reinhold und Natzel-Glei, Stephanie (Hrsg.): Apollonios von Rhodos, Das Argonautenepos II, S. 125, Darmstadt 1996.

18 Glei, Reinhold und Natzel-Glei, Stephanie (Hrsg.): Apollonios von Rhodos, Das Argonautenepos II. S.131, Darmstadt 1996.

19 Lutz, Christiane: Jeder ist Herakles, S. 56, Leinfelden-Echterdingen 1997.

20 Ovid: Metamorphosen, S. 183, Stuttgart 1995.

21 Natzel-Glei, Stefanie: Frauen in den Argonautika des Apollonios von Rhodos, Trier 1992.

22 Im Heinichen (1993, 10. Aufl.) steht unter dem Begriff „emancipatio" folgendes: „Rechtsfachwort: 1. Entlassung aus der väterlichen Gewalt [patria potestas]."

23 Glei, Reinhold und Natzel-Glei, Stephanie (Hrsg.): Apollonios von Rhodos, Das Argonautenepos III, S.42, Zeile 755-760, Darmstadt 1996.

24 Glei, Reinhold und Natzel-Glei, Stephanie (Hrsg.): Apollonios von Rhodos, Das Argonautenepos III, S.54, Zeile 972, Darmstadt 1996.

25 Natzel-Glei, Stefanie: Frauen in den Argonautika des Apollonios von Rhodos, S. 76, Trier 1992.

26 Vardiman, E.: Die Frau in der Antike, S. 187, Wien 1982.

27 Vardiman, E.: Die Frau in der Antike, S. 248ff., Wien 1982.

28 Glei, Reinhold und Natzel-Glei, Stephanie (Hrsg.): Apollonios von Rhodos, Das Argonautenepos III, S. 42, Zeile 770, Darmstadt 1996.

29 Natzel-Glei, Stefanie: Frauen in den Argonautika des Apollonios von Rhodos, S. 83.

30 Ranke-Graves (a.a.O.) merkt hierzu an: „Er [Jason] forderte diese heraus, gegeneinander zu kämpfen, indem er einen Wurfring in ihre Mitte schleuderte, wie es schon Kadmos bei einem ähnlichen Anlaß getan hatte.“ S. 559.

31 Glei, Reinhold und Natzel-Glei, Stephanie (Hrsg.): Apollonios von Rhodos, Das Argonautenepos III, S. 77, Darmstadt 1996.

32 Vgl. Lutz, Christiane: Jeder ist Herakles, S. 56, Leinfelden-Echterdingen 1997.

33 Sendak, Maurice: Wo die Wilden Kerle wohnen, Zürich 1963.

34 Rinne, Olga: Verliebtheit als Verhängnis, S. 117, Stuttgart 1988.

35 Ovid: Metamorphosen, S. 213, Stuttgart 1995.

36 Glei, Reinhold und Natzel-Glei, Stephanie (Hrsg.): Apollonios von Rhodos, Das Argonautenepos IV, S. 92, Zeile 230, Darmstadt 1996.

37 Natzel-Glei, Stefanie: Frauen in den Argonautika des Apollonios von Rhodos S. 96, Trier 1992.

38 Glei, Reinhold und Natzel-Glei, Stephanie (Hrsg.): Apollonios von Rhodos, Das Argonautenepos IV, S. 98, Zeile 367, Darmstadt 1996.

39 Reichel, Sabine: Frustriert, halbiert und atemlos, die Emanzipation entläßt ihre Frauen, S. 151, München 1995.

40 Jung, Carl Gustav: Ges. Werke Bd. 5, S. 37, Olten 1973.

41 Glei, Reinhold und Natzel-Glei, Stephanie (Hrsg.): Apollonios von Rhodos, Das Argonautenepos IV, S. 120 Zeile 750, Darmstadt 1996.

42 Gröne, Margret: Wie lasse ich meine Bulimie verhungern?, Heidelberg 1995.

43 Reclam: Lexikon der Antiken Mythologie, Stuttgart 1991.

44 Clarus, Ingeborg: Odysseus Wege und Umwege der Seele, S. 85ff., Leinfelden-Echterdingen 1997.

45 Glei, Reinhold und Natzel-Glei, Stephanie (Hrsg.): Apollonios von Rhodos, Das Argonautenepos IV, S. 131ff., Darmstadt 1996.

46 Gersdorff, Dagmar v.: Goethes Mutter S. 421, Frankfurt / Leipzig 2001.

47 Glei, Reinhold und Natzel-Glei, Stephanie (Hrsg.): Apollonios von Rhodos, Das Argonautenepos IV, S. 139ff., Darmstadt 1996.

48 Reichel, Sabine: Frustriert, halbiert und atemlos, die Emanzipation entläßt ihre Frauen, S. 171, zit. Erich Fromm (a.a.O.).

49 Wolf, Christa: Medea, Stimmen, S. 9, zit. Seneca (a.a.O.), Darmstadt 1996.

50 Glei, Reinhold und Natzel-Glei, Stephanie (Hrsg.): Apollonios von Rhodos, Das Argonautenepos IV, S. 151, Darmstadt 1996.

51 Glei, Reinhold und Natzel-Glei, Stephanie (Hrsg.): Apollonios von Rhodos, Das Argonautenepos IV, S. 169, Darmstadt 1996.

52 Glei, Reinhold und Natzel-Glei, Stephanie (Hrsg.): Apollonios von Rhodos, Das Argonautenepos IV, S. 171, Darmstadt 1996.

53 Jellouschek, Hans: Warum hast du mir das angetan?, S. 77, Zürich 1995.

54 Euripides: Sämtl. Tragödien in zwei Bänden, Medea, S. 440ff., Stuttgart 1984.

55 Jellouschek, Hans: Warum hast du mir das angetan?, S. 47ff., Zürich 1995.

56 Wolf, Christa, Medea, Stimmen, S. 113, Darmstadt 1996.

57 Anouilh, Jean, Medea, S. 132 Stuttgart 1946.

58 Wolf, Christa, Medea, Stimmen, S. 236, Darmstadt 1996.

59 Shakespeare, William: Sämtliche Werke Bd. III, Tragödien, Hamlet S. 475ff., Heidelberg 1987.

Bildnachweis

Seite 53
Römische Wandmalerei aus Pompeji: Medea, vor 79 n. Chr., Neapel, Museo Nazionale Archeologico
Foto: Nimatallah, akg-images

Seite 54 / 55
Carstens, Jakob Asmus: „Die Argonauten beim Kentauren Chiron" (Jason, die Dioskuren, Herakles und Hylas u. a.), 1754-1798. Umrissstich v. Wilh. Mueller nach Zeichnung, 1792, von Carstens. Aus: Hermann Riegel, Carstens Werke in ausgewaehlten Umriss-Stichen, 2. Aufl. Leipzig (A. Duerr) 1869. Berlin, Slg. Archiv f. Kunst & Geschichte.
Foto: akg-images

Seite 56
Kampanische apulisierende Vasenmalerei: Jason raubt das Goldene Vlies, um 330/310 v. Chr., Rotfiguriger Volutenkrater aus Paestum, Ton, Höhe 71 cm, Durchmesser oberer Rand 31 cm, Fuss 19 cm, Museo Nazionale Archeologico Neapel
Foto: Electa, akg-images

Seite 109
Römische Wandmalerei: Medea vor dem Kindermord, aus dem 1. Jahrhundert nach einem Original, vielleicht des Timomachos, um 280 v. Chr. Herkulaneum, sog. Basilika (Augusteum), Wandgemälde, Höhe 133 x 42 cm, Museo Nazionale Archeologico Neapel
Foto: Erich Lessing, akg-images

Seite 110 / 111
Anselm Feuerbach (1829-1880): Medea, 1870, Öl auf Leinwand, 198 x 395,5 cm, Neue Pinakothek München
Foto: akg-images

Seite 112
Auguste Rodin (1840-1917): Medea, um 1880, Feder mit Tinte, Sepia, laviert, Aquarell, Gouache, über Bleistift und Collage, 21,2 x 16,5 cm, Sammlung Jan Krugier und Marie-Anne Krugier-Poniatowski
Foto: akg-images

Wer fuhr mit? Ein Helden-Verzeichnis nach Robert von Ranke-Graves

Amphiaraos erster der drei Seher; ein Argiver.
Ankaios (Groß) Sohn des Poseidon, wird Steuermann.
Ankaios (Klein) ein Leleger aus Samos.
Argos Erbauer der Argo.
Askalaphos Sohn des Ares, aus Orchomenos; taucht in der Ilias wieder auf.
Asterios Sohn des Kometes; aus Pelops' Sippe.
Atalanta die Jägerin; einige Quellen ließen sie mitfahren.
Augeias Fürst von Elis, jener mit den „Saustället".
Butes der Bienenmeister.
Echion Sohn des Hermes; Herold der Argonauten.
Erginos ein Milesier.
Euphemos aus Tainaron; der „Schwimmer".
Euryalos Sohn des Mekisteus; taucht in der Ilias wieder auf.
Eurydamas ein Doloper vom See Xynias.
Herakles.
Hylas Knappe und Freund des Herakles.
Idas ein Messenier.
Idmon Sohn des Apollon; zweiter Seher.
Iphikles ein Aitolier (nicht der gleichnamige Bruder des Herakles).
Iphitos Bruder des Eurystheus von Mykenai.
Jason Kapitän der Argo und Expeditionsleiter; Neffe des Pelias.
Kaineus ein Hermaphrodit.
Kalais Sohn des Boreas (Nordwind).
Kanthos aus Euboia.

Kastor erster der Disokuren; ein Ringkämpfer.
Kepheus aus Arkadien.
Koronos ein Thessalier.
Laertes Odysseus' Ziehvater.
Lynkeus das Auge, Bruder des Idas.

Es werden darüberhinaus auch folgende Namen genannt (nicht in allen Quellen):
Telamon von Salamis, Bruder des Peleus und Vater des Großen Ajax;
Thyestes, Bruder des Atreus und auch von Nestor (dem berühmten Ilias-Helden), er sei bei der Argo-Fahrt dabeigewesen, wird manchmal behauptet.
Phrixos auf dem Widder, antike Vase, 3. Jhdt. v. Chr.
Die Rekrutierung der Argonauten,
Athene hilft den Argonauten...
An den Ufern des Stymphalos Sees...